邵泽华 ◎ 著

物联网与智慧城市

中国人民大学出版社
·北京·

关于"智慧"一词的发源,众说纷纭。道家所言,"智慧出,有大伪";墨家所言,"若此之使治国家,则此使不智慧者治国家也,国家之乱,既可得而知已";在佛家看来,"般若"即智慧,"般若者,一切诸智慧中最为第一,无上无比无等,更无胜者,穷尽到边"。由此观之,"智慧"一词包含两个层面,其一是善治理,即拥有聪明才智,能迅速、灵活、正确地理解和解决事物的能力;其二是通达透彻,即能超越世俗虚幻的认知,无限趋近于真理。

诚然,智慧使得现代社会的方方面面得以有序运转。作为现代社会中重要的实体——城市的发展,更加离不开"善治理"与"通达透彻",即智慧城市也离不开这两个层面。首先,智慧城市建基于物联网之上,物联网打破了以往时空对城市管理者的限制,将组成城市的各个元素(教育、医疗、交通、能源等)相联,使得治理现代化;其次,物联网把城市的运行结构显明出来,城市不再是卡尔维诺所言的"看不见的城市",也不再是钢筋水泥高楼大厦,其运转规律清晰可见。

万物相联,相联即关系,我们每一个人都无法离开关系而存在。物联网与智慧城市让我们和城市的关系有迹可循、有理可依。由此可见,物联网与智慧城市不仅仅是推动城市治理现代化、使城市生活更美好的一项科学技术,也是指导现代城市建设的理论基础。

　　智慧城市从概念提出，已历经近十年的发展与实践，学术界基于不同的视角、理论和实践对其内涵给出了不同的定义，随着实践的推进、研究的深入、新技术的应用，智慧城市的内涵和应用领域也在不断延伸和扩展。智慧城市的理念为城市转型升级提供了一种全新的模式和路径，很多国家和城市均将智慧城市作为未来的发展模式。紧随美国、德国、日本、新加坡等国家智慧城市发展步伐，我国也掀起了智慧城市建设的热潮。2014 年，中共中央、国务院印发《国家新型城镇化规划（2014－2020 年）》，首次将智慧城市建设纳入国家专项规划。2019 年，国务院政府工作报告中提出的"创新社会治理"为城市治理与发展描绘了新时代的智慧图景。经过近 10 年的实践探索，我国一些地区智慧城市的建设取得了较大进展，但从宏观来看，尚处于初步发展阶段，而且发展水平参差不齐，与国外成熟的发展阶段具有一定差距，深入理解智慧城市的目标、内涵和建设方法十分必要。

　　如今，智慧城市的发展进入了一个新阶段，城市管理者逐步意识到制定智慧城市战略的出发点在于人而非科技，智慧城市建设的核心内涵是"以人为本"，提高居民生活质量和获得感。因此，智慧城市应以智慧的理念规划城市、以智慧的方式建设城市、以智慧的手段发展城市，让生活于城市中的人感觉更好，使城市更具有活力和可持续发展的潜能。

　　目前国内外已有的智慧城市研究结果均着重探讨物联网技术在智慧城市建设中的应用，解决智慧城市建设的问题。本书拟立足于理论分析角度，以物联网体系的用户平台、服务平台、管理平台、传感网络平台和对象平台五个功能平台为基础，阐明智慧城市是以市民为用户，以政府为管理者，以自然人或组织及其社会活动为对象平台，在政府管理平台的统筹和管理下，为市民提供各种智慧化服务的物联网体系。

　　在物联网理论的基础上，本书又提出智慧城市由政府管理物联网和社会活动物联网组成，并对政府管理物联网和社会活动物联网、云平台参与的政府管理物联网和社会活动物联网的结构及运行体系进行了详细描述。另外，智慧城市中的社会活动物联网又受到复合物联网——社会监管物联网的监督和管理。

　　特作《浪淘沙·物联网智慧城市》以示，予以智慧城市物联网之义。

浣溪沙·物联网智慧城市

城阙五千颜，十万人潸。
琼楼玉宇月中观。
回在云端翻记算，忘了人间。

智慧的城柳，回秦氏家。
物联网里物相联。
冬暖夏凉秋意赋，不有春欢。

目录

第一章
概　述

物联网和智慧城市均是新时代的新发展理念，是世界范围内的研究热点，已成为推动经济增长、促进经济社会发展的新动能，是我国的重要战略导向。

物联网英文名为"the Internet of Things"，即物物相连的网络。从英文名来看，物联网和互联网关系密切，物联网是在互联网基础上延伸和扩展的网络，目的是实现任何物（或人）与物（或人）之间的信息交换，实现对物（或人）的识别、定位、监控、管理等，广泛应用于社会的各个领域。

智慧城市建设是城市发展到一定阶段的必然转型方向，其目的是使城市具有更加透彻的感知、更加广泛的连接、更加有深度的计算等多种能力。智慧城市是顺应城市发展演进和技术变革的时代潮流，是国家推进战略性新兴产业和城市信息化进程中的前沿理念和探索实践，是中国新一轮城市发展与转型的客观要求，也是历史发展的必然趋势。

一、物联网概述

在对智慧城市进行介绍之前，必须对物联网这一概念有正确的认识。前文已经提及，当前对物联网的认知是将物联网看作互联网的延伸和扩展，当作新一代信息技术来看待，这种认知存在局限性，无法完全诠释物联网对社会发展的重大意义。实际上，世界上并无完全孤立的个体存在，世界万物之间存在着普遍联系，事物之间联系的过程便是信息交换的过程。从这个角度来看，物联网并非只是互联网的延伸和扩展，其有更深层的意义：物联网是组成世界的基本单元，是世界实体关系的本质体现。

物联网的"物"是指物理实体，"联"是指与物理实体相关的信息传输，"网"是建立网络后所表现出来的外在特性，是功能表现。世界是物联网的组合，世界上事物之间的各种关系是相应信息在物理实体上的运行，出现的不同现象是不同物联网运行时的功能表现。物联网是以物理实体为信息载体，信息通过在物理实体上运行而表现出各种功能状态，实现物与物、物与人、人与人的交互，满足物联网用户主导性需求的同时，也满足其他物联网参与者的参与性需求。物联网运行体系结构如图1-1所示。

物联网运行体系结构由三种体系结构构成，分别为信息体系结构、物理体系结构和功能体系结构。

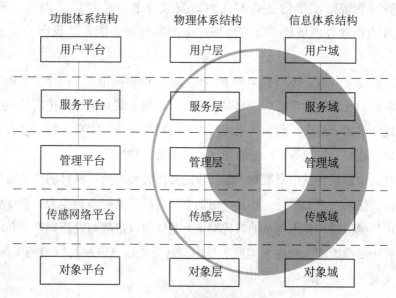

图1-1 物联网运行体系结构

物联网的信息体系结构包括用户域、服务域、管理域、传感域以及对象域，信息在不同域之间传输和转化。自然界的自然信息和人类活动的社会信息存在着既相互影响又相互协作的关系，各种信息的交互和转化遵循着共同的规律，不同信息域中的信息系统及其子系统的协同作用使物联网信息体系整合在一起。

物联网的物理体系结构由用户层、服务层、管理层、传感层以及对象层组成，每一物理层均由一个或多个物理实体组成。在各个不同类型、不同形态、不同状态的物理实体内部和物理实体之间有着统一的联系方式，以满足用户需求为目标，不断整合、转化、传输物联网相关信息，使对象成功为用户提供服务，并展现各个物理实体的功能。物理实体是物联网信息采集、传输、存储、加工、应用的载体，是信息实现功能表达的物理依赖，是虚拟信息世界联系现实物理世界的桥梁。

物联网的功能体系结构是信息在物理实体的支撑下运行所产生的外在功能表现，由用户平台、服务平台、管理平台、传感网络平台和对象平台组成。功能体系结构的五大功能平台分别对应信息体系结构的五域——用户域、服务域、管理域、传感域、对象域；同时也分别对应物理体系结构的五层——用户层、服务层、管理层、传感层、对象层。

物联网中五个平台具有不同的需求，用户平台具有主导性需求，是用户在物联网中最主要的需求；服务平台、管理平台、传感网络平台和对象平台具有参与性需求。

物联网中的信息按照发起方属性可以分为感知信息和控制信息两类：感知信息由对象平台发起，控制信息由用户平台发起。

二、智慧城市概述

城市的出现是自然、社会、经济、政治等因素综合发展的结果，是文明的体现。德国哲学家奥斯瓦尔德·斯宾格勒说："人类所有的伟大文化，都是由城市产生的，第二代优秀人类，是擅长建造城市的动物……世界史就是人类的城市时代史。国家、政府、政治、宗教等等，无不是从人类生存的这一基本形式——城市中发展起来，并附着其上的。"言下之意即城市的发展推动了人类文明的进步，城市兼有政治、军事、经济、文化等功能。戈登·柴尔德的"城市革命"认为，以作物种植和动物养殖为标志的农业革命为城市的出现奠定了物质基础，而城市革命则促进了生产技术和社会组织的发展，为城市的发展创造了条件。

城市作为人类汇集的中心，是人类经济社会发展到一定阶段的产物，是人类群居生活的高级形式，是人类文明的载体。古代所谓的"城市"是"城"与"市"的组合词："城"指用城墙等围起来的地域，作为战争防御设施而存在；"市"则是指进行交易的场所。现代城市的概念不再有"城"和"市"之分，人口规模、产业结构、行政管理是现代城市的三大要素，城市将会汇集更多人口，建立起更健全的产业结构，拥有更高效的社会管理模式。

随着人类经济社会的发展，传统城市的服务效率越来越无法满足人民日益增长的需求，因此，对传统城市进行改造、构建新型的城市模式，开始被政府提上日程，城市智慧化是城市发展的必然趋势。"智慧"一词出自《墨子·尚贤中》："若此之使治国家，则此使不智慧者治国家也，国家之乱，既可得而知已"，此处"智慧"为聪明才智之意。从字面上理解，将城市冠以"智慧"之名，即表示具有聪明才智的城市。使城市的管理者对城市中正在发生的、未来可能发生的事物具有快速、灵活、正确理解和有序处理的能力，具有这种能力的城市才能谓之"智慧城市"。

智慧城市的建设要求城市管理者能够利用新的管理思想、新兴技术，以一种更智慧的方式实现政府、社会组织和人民等主体之间的交互，全面感知城市静态和动态信息，并能够做到对信息的计算处理随需应变，对城市中的各种需求做出快速、智能的响应，提高城市运行效率，实现城市中的社会服务全面智慧化，为居民创造更美好的城市生活。"智慧城市"的价值在于为城市注入智慧活力，为城市人民提供智慧感知、智慧控制等智慧服务，这与物联网的概念是一致和相通的。

三、物联网与智慧城市的关系

智慧城市建设是新时代城市建设的新思路，是一种全新理念，目的是要实现城市资源的整合、共享和协同，最大化利用城市资源，降低管理城市的成本和难度，促进城市产业的健康、可持续发展，为城市人民提供舒适、宜居的环境。

智慧城市建设的本质是使城市中各种事物之间的关系更加有序化、清晰化，而物联网三体系结构正是对世界上各种事物之间的关系进行的一种有序、清晰的表达。智慧城市作为世界的一部分，也是由众多物联网组成的，其中各事物的关系必然依照物联网运行，智慧城市建设与物联网密切相关，物联网是智慧城市的基础。

物联网是智慧城市的基础，无数个物联网通过相互包含和交汇构成混合物联网，并最终形成智慧城市。基于物联网的智慧城市建设是提高政府的整体管理能力、快速反应能力，提升城市建设与管理的现代化水平和社会经济效益的必要手段。智慧城市的最终目的是为人民服务，在管理和服务上使智慧城市中的人民感觉更好，满足人民的物质和精神需求。

第二章
智慧城市物联网体系总体结构

智慧城市是以智慧的理念规划城市、以智慧的方式建设城市、以智慧的手段发展城市，让生活在城市中的人民（市民）幸福感更高，使城市更具活力，更能可持续发展。对智慧城市的本质及其核心特征的清晰认知是全面而综合地进行智慧城市建设的基础，智慧城市的建设应建立在指导思想确立、架构设计清晰、运营体制完善等诸多方面的基础之上。

　　与现在"不智慧"的城市相比，智慧城市的智慧之处在于能够更好地解决城市的问题，而技术只是用于智慧城市建设的一种手段，并非目的。然而当前对智慧城市的研究多是从 ICT（information and communications technology，信息通信技术）层面对智慧城市如何建设进行探讨，但毫无疑问，ICT 在智慧城市建设中将发挥重大作用。从 ICT 层面进行智慧城市建设，当前已有多种智慧城市架构，这些架构仅从技术的角度阐述智慧城市，并未触及智慧城市的本质特征，不具备普遍适用性。

一、智慧城市物联网体系结构

　　智慧城市总体结构是对智慧城市的顶层设计，需从全局的视角出发进行设计。智慧城市建设需综合考虑政府、社会和人民的关系，一切以人民为中心，制定长远的整体规划，借助创新机制推进智慧城市建设。智慧城市总体结构的设计原则应是"重管理性、轻技术性、求系统性"。

　　当前，我国对智慧城市建设的尝试、探索工作已经覆盖国内多个城市。现在已经存在数量众多的智慧城市结构方案，可谓百家争鸣。各种智慧城市方案均在一些方面和领域上具有合理性，甚至在一定程度上具备权威性。但不同领域的人或组织提出的智慧城市总体结构缺少共性，无法真实反映智慧城市的全貌特征。智慧城市总体结构的设计应尽量弱化技术（如 ICT 技术）的主导地位，重视城市的管理和运营，充分发掘城市的共性特征，形而上地提出具有指导性的总体结构。

　　智慧城市的参与主体包括市民、政府等，各参与主体依托先进的信息感知控制技术，在政务、民生等多个领域实现深度融合交流，促进城市运行管理水平、经济发展水平、公共服务水平和居民生活质量的提升。市民、政府以及社会组织的融合交流过程形成了智慧城市的两大共性特征：政府管理和社会活动。智慧城市应以人民为中心，对智慧城市进行顶层设计：智慧城市作为复杂的混合物联网，笔者通过对政府管理和社会活动进行高度概括和抽象处理，依托物联网理论研究成果，提出了一种能反映智慧城市本质特征的智慧城市物联网总体结构。

我国社会建设的成果最终为人民共享，智慧城市中的最终用户为城市中的人民即市民（指所有在城市中生活的居民），下文的智慧城市政府管理物联网和监管物联网的用户均用"人民（市民）"表示。人民既包括了组织性较弱的组成部分——自然人（群众），也包括组织性较强的组成部分——组织。

智慧城市物联网体系的总体结构如图 2-1 所示。

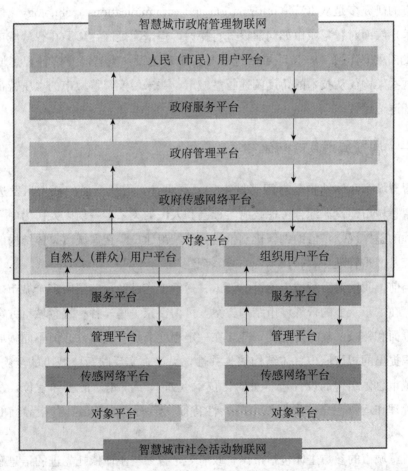

图 2-1 智慧城市物联网体系的总体结构

智慧城市中的物联网分为两大类：一类是人民（市民）用户主导、政府及自然人（群众）或组织参与的智慧城市政府管理物联网（下文简称"政府管理物联网"），另一类是由自然人（群众）或组织主导的智慧城市社会活动物联网（下文简称"社会活动物联网")。

智慧城市是以人为本的城市,人民(市民)是政府管理物联网的用户,对象是自然人(群众)或组织。自然人(群众)或组织通过提供服务的方式满足人民(市民)的需求。

自然人(群众)和组织在作为政府管理物联网对象的同时,也是社会活动物联网的用户,其既要满足政府管理物联网人民(市民)用户的需求,又要满足自身的需求。

政府管理物联网和社会活动物联网是一个有机的整体,以相互联系及协作的方式运行。下面分别对政府管理物联网和社会活动物联网进行概述。

二、政府管理物联网概述

在智慧城市物联网体系的总体结构中,政府管理物联网是由政府参与管理的,以满足人民(市民)的需求为目的建立的物联网。政府管理物联网的用户为人民(市民),服务平台、管理平台、传感网络平台均由政府建立和运行,对象为自然人(群众)或组织,为人民(市民)服务是政府管理物联网的核心。

对智慧城市中的事务进行有序管理、为人民(市民)提供优质服务是政府的核心任务,也是现代政府的显著特征。政府对社会的管理是根据城市经济社会发展阶段和总体水平,为社会公众生活、社会经济、政治、文化等需求的满足提供保障及创造条件,以供人民(市民)共同消费和平等享用发展成果。

人民(市民)的需求是多样的,为人民(市民)服务的对象众多,故政府管理物联网的对象平台、服务平台、管理平台、传感网络平台均具有多个分平台,为人民(市民)提供不同的物联网服务。在政府管理平台的统筹下,对象平台为人民(市民)用户提供各种智慧化服务,满足人民(市民)的物质和精神需求。

三、社会活动物联网概述

社会活动物联网是智慧城市的重要组成部分,其结构是对智慧城市中社会活动的高度概括。社会活动物联网的用户为自然人(群众)或组织,是政府管理物联网的对象。

　　社会活动物联网是指为自然人（群众）或组织用户提供各种智慧化服务的物联网体系。社会活动物联网中的管理平台在为自然人（群众）或组织用户提供服务的基础上，针对用户不同类型的需求进行管理，组织特定的服务平台、传感网络平台、对象平台提供相应的服务。社会活动物联网的运行最终是为了满足人民（市民）的物质和精神需求。

第三章
智慧城市政府管理物联网体系

我国经济和科学技术的快速发展以及城市化建设进程的持续加速，给城市综合管理带来了巨大挑战，社会治安、城市交通、城市运行管理等方面出现了新需求，这些方面对政府的城市管理能力提出了更高的要求。推进政府管理体系现代化、智能化、规范化，是深化政府管理体制改革和建设服务型政府的重要举措，是顺应现代社会发展趋势的必然选择。

智慧城市要满足人民日益增长的美好生活需求，离不开强有力的政府管理这一保障，所以下面将阐述政府在智慧城市中的作用，分析政府管理物联网的五平台结构、业务结构和信息运行，描述云平台参与政府管理物联网后的变化。

一、政府与智慧城市

政府在智慧城市中发挥的主要作用是公共服务、宏观调控、监管等，这些作用可以统称为社会管理，其目的是解决好人民（市民）所关注的问题，包括解决社会矛盾、规范社会行为、促进社会公正、保持社会稳定等，从而为人民（市民）提供服务，满足人民（市民）的需求。

解决社会矛盾。政府通过制定有效的政策、法律、规章制度，并加以有效利用，化解各种社会矛盾，解决好社会中的各种利益纠纷。

规范社会行为。政府依靠其公信力及执行力，能够依法、依策指导和帮助社会组织或个人健康发展，充分调动社会组织的积极性和主动性，推动城市的多元化治理，实现社会组织或个人社会行为的规范化和有序化。

促进社会公正。政府通过调研、倾听人民（市民）的需求，制定、执行相应的法规政策，为人民（市民）提供公共服务、社会保险、公益服务，为人民（市民）中的弱势群体提供基本的社会保障。为人民（市民）提供非营利性服务、促进社会公正的行为具有公共事业的特征，不可能完全依靠市场运行，需要政府在其中发挥主导性作用。

保持社会稳定。政府通过加强应急管理，能够妥善处理各种突发性、群体性事件；在安全生产方面，政府能够做到对企业和其他个人及组织严格监督和管理，做好防灾减灾工作，保障公共安全，维护社会安全秩序，构建和谐社会。

为了实现上述目标，政府需要一种高效的管理模式，利用此模式能够实现政府对人民（市民）需求的快速响应。职能清晰是政府为人民（市民）提供优质服务的前提；职能不清晰，就会出现缺位、错位或越位现象，人民（市民）的需求便得不到满足。通过清晰界定人民（市民）、政府、自然人（群众）、组织之间的关系，能够理顺政府在智慧城市中的职能。政府作为社会的管理者，始终将人民（市民）的利益放在首位，协调、处理好与人民（市民）、自然人（群众）、组织之间的关系，建立公平的利益和权利分配机制，能有效提高智慧城市的建设质量，在满足人民（市民）主导性需求的同时，满足自身和自然人（群众）、组织的参与性需求。

人民（市民）需求的实现需要特定对象为其服务；人民（市民）需求得以满足的过程是政府管理物联网运行的过程。在政府管理物联网中，人民（市民）的需求为主导性需求，其在寻求自身需求实现的过程中，形成政府管理物联网中的用户平台。人民（市民）用户与对象之间并不是始终直接联系的关系，用户需求要得到满足，首先需要寻找到对象。在政府管理物联网中，人民（市民）的需求信息并不能直接传输给对象，需要合适的"中间环节"把人民（市民）的需求进行一定的转化处理后再传输给对象。政府作为智慧城市的管理者，是人民（市民）与对象联系的最合适的"中间环节"，在为人民（市民）服务的过程中发挥着重要作用，即在政府管理物联网中，政府可承担服务平台、管理平台和传感网络平台的职能。政府管理物联网的结构便由此形成。

二、政府管理物联网的结构

政府是智慧城市秩序的制定者、维护者、管理者，更是人民（市民）需求的满足者、服务者。人民（市民）是智慧城市的主体，政府的所有行为都围绕一个核心——为人民服务。政府为人民服务的路径是接收人民的需求信息，然后进行统一管理，寻找满足人民需求的对象，为人民提供服务。由此可见，人民（市民）、政府与对象（用于为用户提供服务）之间形成物联网关系，政府为人民（市民）服务的过程是物联网运行的过程，人民（市民）是政府管理物联网的用户。政府管理物联网的结构如图 3-1 所示。

政府管理物联网是智慧城市物联网体系中的管理主体，由人民（市民）用户平台、政府服务平台、政府管理平台、政府传感网络平台、对象平台组成。政府作为连接人民（市民）用户和对象的桥梁，在政府管理物联网中起着核心作用。人民（市民）用户在自身需求的驱使下，通过政府与对象进行交互，实现需求的满足。

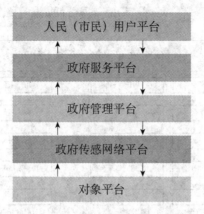

图 3-1　政府管理物联网的结构

政府通过其各个职能部门来发挥服务、管理功能，满足人民的主导性需求，其服务职能部门、管理职能部门、传感职能部门分别在政府管理物联网中作为不同的平台，处理不同的业务。因此，政府管理物联网在一般结构之下可以划分出业务结构。

三、政府管理物联网的业务结构

在智慧城市中，政府管理物联网包含众多业务活动，政府管理物联网的整体运行是各种业务信息运行的集合；各种业务信息在政府管理物联网中的运行是满足人民（市民）用户的不同需求的过程。依据政府管理物联网的业务属性细分，站在业务的角度来看待政府管理物联网，其结构如图 3-2 所示。

下面将详细阐述每个平台的业务结构，并描述信息如何在平台内部和平台之间运行。

（一）人民（市民）用户平台

伴随着城市化发展，人口更多地向大城市聚集，人民（市民）在医疗健康、教育、社保、就业等领域拥有更多样化的需求，享受这些领域服务的需求对所有自然人来说是共性需求，是所有人都有权利享受的。共同的物质需求和文化需求构成了人民（市民）用户平台。人民（市民）产生了需求，谋求生存和发展的本能会驱使人民（市民）想方设法地满足自身需求，政府是人民（市民）实现需求满足的重要支撑。

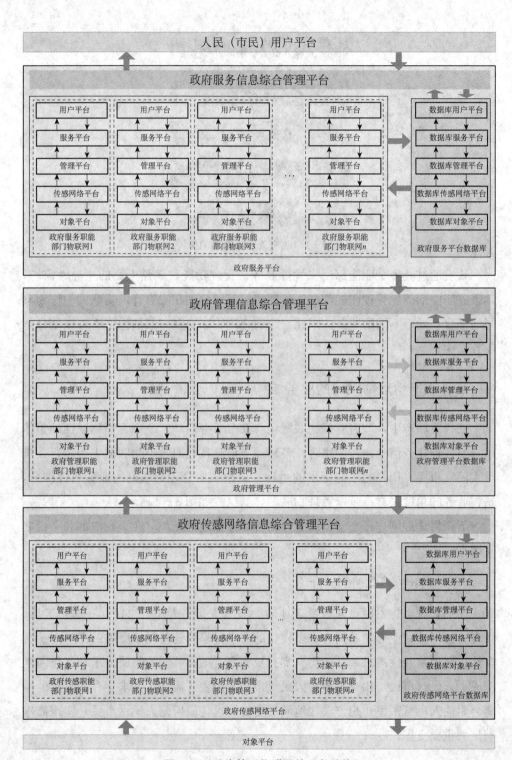

图 3-2　政府管理物联网的业务结构

《国家新型城镇化规划（2014—2020 年）》指出，我们要走"以人为本、四化同步、优化布局、生态文明、文化传承的中国特色新型城镇化道路"，基本原则就是"以人为本，公平共享"，促进人的全面发展和社会公平正义，使全体人民（市民）共享现代化建设成果。"以人为本"是智慧城市建设的核心内涵，不断提高人民（市民）的人口素质和生产生活质量是智慧城市建设的首要任务，这与人民（市民）的需求是完全吻合的。

提高人民（市民）生活的幸福感和满足感的前提是政府管理物联网在运行过程中始终以用户为中心，围绕人民（市民）全生命周期的共性需求，在智慧技术的支撑下统筹和管理分散的社会资源，为人民（市民）提供更好、更优质的服务。

（二）政府服务平台

人民（市民）需求的满足离不开特定对象提供的服务，其前提是人民（市民）的需求信息准确无误地传输出去。当用户通过政府网络对外传输和表达自身需求时，该网络便形成政府管理物联网中的政府服务平台。

政府服务平台是由政府服务信息在服务资料的支撑下运行，实现人民（市民）需求输出和获取的平台。政府服务平台用政府服务系统为人民（市民）用户提供服务。政府服务平台在为人民（市民）用户提供服务信息或接收需求信息的过程中，会采用信息技术（包括数据仓库、大数据等）对信息进行加工处理。政府服务平台从政府管理平台接收信息，对接收到的信息进行抽取、分类与再加工等操作，以生成统计数据、趋势数据和对比数据等有价值的信息，为人民（市民）用户提供多种类型的服务；同时，政府服务平台还能够接收用户需求信息，对用户需求信息进行处理，形成有价值的需求信息，传输给政府管理平台。

1. 政府服务平台内部结构

政府服务平台内部由政府服务职能部门物联网、政府服务平台数据库、政府服务信息综合管理平台组成。政府服务平台内部结构如图 3-3 所示。

政府服务平台连接着人民（市民）用户平台和政府管理平台，是将感知信息上传给人民（用户）平台、控制信息下发给政府管理平台的重要通道，实现了服务通信功能。

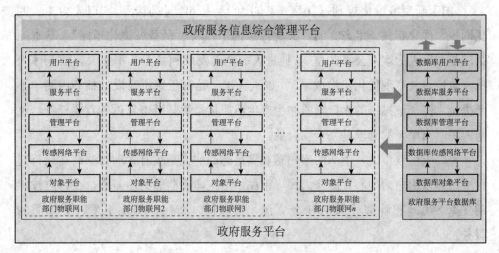

图 3-3 政府服务平台内部结构

政府服务平台参与政府管理物联网，是基于自身的参与性需求而作出的行为。政府服务平台在满足政府管理物联网人民（市民）用户主导性需求的同时，可从人民（市民）用户处获得自身参与性需求的满足。

（1）政府服务职能部门物联网

政府有多个具备服务职能的物理实体，故政府服务职能部门物联网包括多个不同的物联网，如政府服务职能部门物联网 1、政府服务职能部门物联网 2、政府服务职能部门物联网 3……政府服务职能部门物联网 n，每个物联网都可以实现政府服务平台的某个功能。政府服务职能部门物联网作为政府服务平台的重要组成单元，与政府管理物联网紧密相连，互相作用，共同为人民（市民）用户提供服务。

每个政府服务职能部门物联网都是独立的，具有完整的物联网结构，由用户平台、服务平台、管理平台、传感网络平台、对象平台组成。不同的政府服务职能部门物联网之间不直接通信，若有互通需求，可从政府服务平台数据库获取所需信息，完成各自物联网信息的运行，实现特定功能。同时，政府服务职能部门物联网在运行过程中产生的感知控制信息属于政府服务平台，所有信息存入政府服务平台数据库中，实现数据共享，提高政府服务职能部门物联网以及政府管理物联网的运行效率。

（2）政府服务平台数据库

政府服务平台数据库用于存储政府服务平台接收到的人民（市民）用户控制

信息和政府管理平台感知信息，同时还可存储政府服务平台内部的政府服务职能部门物联网产生的感知控制信息。政府服务平台数据库中存储的信息是政府管理平台数据库中存储信息的一部分。

政府服务平台数据库的结构是一个完整的物联网，由数据库用户平台、数据库服务平台、数据库管理平台、数据库传感网络平台、数据库对象平台组成，主要行使服务信息存储功能。政府服务平台的信息以何种数据结构存储、保密级别如何等均由其内部的政府服务平台数据库物联网决定。

政府服务平台数据存储政府服务平台的所有信息，可与政府服务职能部门物联网、政府服务信息综合管理平台以及政府管理平台通信。

（3）政府服务信息综合管理平台

政府服务信息综合管理平台是对政府服务平台的感知信息和控制信息进行综合管理的平台，与政府服务平台数据库及人民（市民）用户平台直接通信。

政府服务信息综合管理平台行使服务信息管理功能。政府服务信息综合管理平台是服务信息上传和下发的重要设施，感知服务信息的上传和人民（市民）用户控制信息的下发均需通过政府服务信息综合管理平台的授权，是服务信息传输的必由路径。政府服务信息综合管理平台以人民（市民）用户的实际需求为依据，通过过滤、识别等方式，向人民（市民）用户提供精准的服务，实现服务的精准化、高效化。

2. 政府服务平台信息运行

政府服务平台内部信息的运行由政府管理物联网信息到达政府服务平台后的信息运行和政府服务平台内部信息的运行两部分组成。

（1）政府管理物联网信息到达政府服务平台后的运行

政府服务平台外部信息分为两类：一类是政府管理物联网的政府管理平台传输来的感知信息，另一类是政府管理物联网的人民（市民）用户传输来的控制信息。

①政府管理物联网的政府管理平台传输来的感知信息

政府管理平台传输来的感知信息由政府服务平台数据库接收，由政府服务平台数据库物联网对感知信息进行计算处理，确定感知信息的性质，经分类、分级后以某种合适的方式存储。

政府服务平台数据库物联网处理后的信息传输给特定的政府服务职能部门物联网，根据感知信息的特性，由相应的单体业务物联网进行计算处理，再传回政府服务平台数据库进行存储。

经政府服务职能部门物联网处理后的信息传输给政府服务信息综合管理平台。政府服务信息综合管理平台依据人民（市民）用户的具体要求，对感知信息进行筛选、认证，有选择性地传输给人民（市民）用户平台，完成感知信息的上传。政府管理平台传输来的感知信息运行过程如图3-4所示。

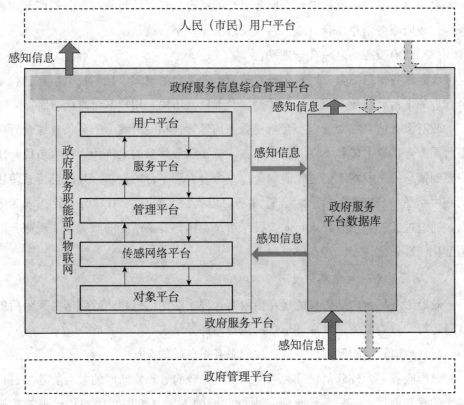

图 3 - 4　政府管理平台传输来的感知信息的运行

②政府管理物联网的人民（市民）用户平台传输来的控制信息

人民（市民）用户传输来的控制信息由政府服务平台的政府服务信息综合管理平台接收并进行认证等计算处理，以保证控制信息的合法性。

合法的控制信息被传输给政府服务平台数据库，由服务平台数据库物联网进行计算处理并确定控制信息的性质，控制信息经分类、分级后，以某种合适的方式存储。

　　政府服务平台数据库物联网处理后的控制信息传输给政府服务职能部门物联网，由特定的单体业务物联网进行计算处理，再传回政府服务平台数据库进行存储，然后传输至政府管理平台，完成控制信息的传输。

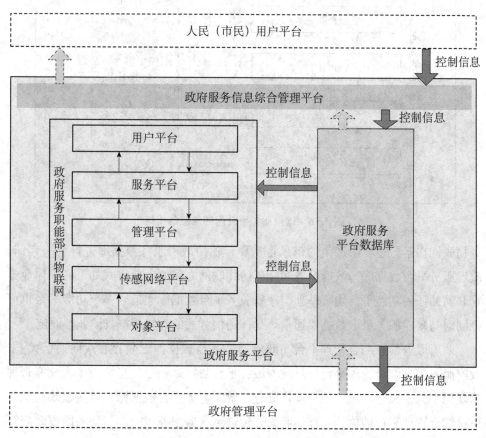

图 3-5　人民（市民）用户平台传输来的控制信息的运行

　　（2）政府服务平台内部信息的运行

　　政府服务平台内部信息的运行是信息在到达政府服务平台后，在该平台内部的政府服务信息综合管理平台、政府服务平台数据库、政府服务职能部门物联网三者之间的信息运行。政府服务平台内部信息的运行如图 3-6 所示。

　　政府服务职能部门物联网与政府服务平台数据库之间存在双向通信关系。政府服务职能部门物联网各单体业务物联网的运行需要信息作为支撑，政府服务平台数据库是这些信息的主要来源。同样地，政府服务职能部门物联网的各单体业

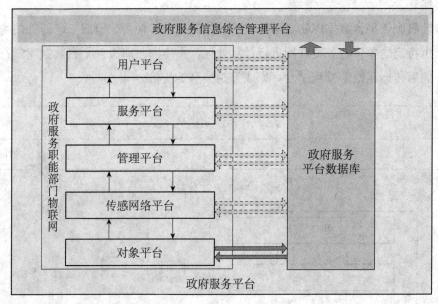

图 3-6　政府服务平台内部信息的运行

务物联网在运行过程中产生的信息也需要传输给政府服务数据库进行统一存储。政府服务平台数据库与政府服务职能部门物联网之间的通信方式如下：单体业务物联网的任一功能平台均可单独与政府服务平台数据库通信，多个功能平台也可以同时与政府服务平台数据库通信，具体通信方式的选择根据具体业务而定。

政府服务信息综合管理平台与政府服务平台数据库之间存在双向通信关系。政府服务信息综合管理平台可从政府服务平台数据库获取信息，用于为政府管理物联网中的人民（市民）用户提供服务；政府服务平台数据库也可接收政府服务信息综合管理平台的信息，存储起来，传输给政府服务职能部门物联网或政府管理平台。

（三）政府管理平台

在政府管理物联网中，政府服务平台的搭建为人民（市民）用户需求信息的表达和服务信息的接收提供了媒介，但用户通过政府服务平台成功表达自身需求后，还需有相应的环节实现用户需求的管理，该环节形成政府管理平台。政府管理平台有其自身需求，并在自身需求的推动下，为人民（市民）用户需求的实现提供管理服务。政府管理平台通过政府服务平台获取人民（市民）用户的需求信息，并遵从用户意志，为人民（市民）用户寻找满足其需求的特定对象。

政府管理平台是对政府管理物联网进行综合管理的平台，统筹和管理着政府管理物联网的所有信息，是政府管理物联网的核心功能平台。管理信息在该平台中的各管理职能部门的支撑下运行，实现对整个政府管理物联网进行综合管理的功能。

1. 政府管理平台内部结构

政府管理平台内部由政府管理职能部门物联网、政府管理平台数据库、政府管理信息综合管理平台组成。政府管理平台内部结构如图3-7所示。

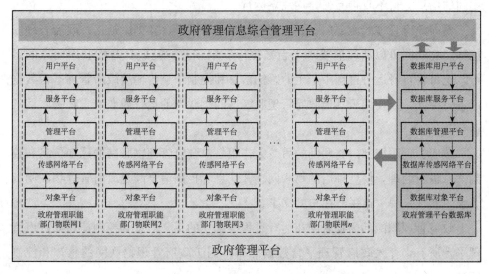

图3-7　政府管理平台内部结构

政府管理平台统筹和管理着政府内部不同职能部门物联网的大量信息，通过应用多源数据融合、深度学习、大数据分析等信息技术，协调政府不同职能部门之间的联系和信息交流，可以更好地感知、认知城市的变化，基于城市信息对城市状态进行运行监测、分析预警和指挥控制，使政府决策高效化、精确化和科学化，提升城市管理能力，体现城市的智慧发展理念和创新精神。

在政府管理物联网中，政府管理平台同样有自身的需求——参与性需求。政府管理平台凭借为用户主导性需求的实现所提供的管理服务，从人民（市民）用户平台获得用于满足自身需求的回报。

（1）政府管理职能部门物联网

政府有多个具备管理职能的物理实体，故政府管理职能部门物联网由政府管理职能部门物联网1、政府管理职能部门物联网2、政府管理职能部门物联网 3……政府管理职能部门物联网 n 组成，每个物联网都是政府管理平台内部的职能部门，分管着不同的领域以及不同的感知信息和控制信息，表现出不同的功能。政府管理平台的功能表现是所有政府管理职能部门物联网功能的集合。

政府管理平台统筹和管理着政府管理物联网的所有信息，是政府管理物联网的核心功能平台。每个政府管理职能部门物联网具有完整的物联网结构，由用户平台、服务平台、管理平台、传感网络平台和对象平台组成。出于对政府管理职能部门工作性质的特殊性以及信息安全性的考虑，不同政府管理职能部门物联网之间的信息运行不直接互通，均独立运行。

不同政府管理职能部门物联网均可与政府管理平台数据库通信。政府管理职能部门物联网可以从政府管理平台数据库获取信息，完成自身物联网信息的运行，也可将自身运行过程中产生的感知信息和控制信息传输给政府管理平台数据库进行存储，以便用于其他政府管理职能部门物联网的运行或政府管理物联网的运行。

政府管理职能部门物联网的另一大作用是对政府管理物联网的感知信息和控制信息进行处理，使处理后的物联网感知信息和控制信息满足政府管理物联网的要求，实现人民（市民）用户的需求。

政府管理职能部门物联网在运行过程中产生的感知信息和控制信息归政府管理平台所有，存入政府管理平台数据库中，用于政府管理物联网的感知和控制服务。

（2）政府管理平台数据库

政府管理平台数据库用于存储政府管理平台接收到的感知信息和控制信息，同时还可存储政府管理平台中政府管理职能部门物联网产生的感知信息和控制信息。政府管理平台数据库可存储政府管理物联网中的所有信息。

同政府服务平台数据库一样，政府管理平台数据库的结构是一个完整的物联网，由数据库用户平台、数据库服务平台、数据库管理平台、数据库传感网络平台、数据库对象平台组成，主要行使政府管理物联网信息的存储功能。政府管理平台的信息以何种数据结构存储、保密级别如何等均由其内部的政府管理平台数据库物联网决定。

政府管理平台数据库可存储政府管理物联网的所有信息，可与政府管理职能部门物联网、政府管理信息综合管理平台以及政府传感网络平台通信。

（3）政府管理信息综合管理平台

政府管理信息综合管理平台不仅可对政府管理平台内部的物联网信息进行综合管理，还可对从外部接收的政府管理物联网感知信息和控制信息进行综合管理。政府管理信息综合管理平台可与政府管理平台数据库及政府管理物联网的政府服务平台直接通信。

由政府管理平台上传或下发的感知信息和控制信息均需先通过政府管理信息综合管理平台的授权。政府管理信息综合管理平台以人民（市民）用户的实际需求为依据，通过过滤、识别等方式，向服务平台提供所需的感知信息，从服务平台获取所需的控制信息。

2. 政府管理平台信息运行

信息在物理实体上运行便表现出功能。政府管理平台在政府管理物联网中表现出的功能正是信息在政府管理平台内部运行的结果。同政府服务平台一样，政府管理平台信息的运行由两部分组成，即政府管理物联网的信息到达政府管理平台后信息的运行和政府管理平台内部信息的运行。

（1）政府管理物联网信息到达政府管理平台后信息的运行

政府管理平台接收到的信息分为两类：一类是政府传感网络平台传输来的感知信息，另一类是政府服务平台传输来的控制信息。

①政府传感网络平台传输来的感知信息

政府管理平台接收到的感知信息由政府管理平台数据库接收，并由政府管理平台数据库物联网计算处理，确定感知信息的性质，感知信息经分类、分级后以合适的方式存储。

政府管理平台数据库物联网处理后的感知信息传输给政府管理职能部门物联网，由相应的单体业务物联网进行计算处理后传输回政府管理平台数据库，并以合适的方式存储。

经单体业务物联网计算处理后的感知信息由政府管理平台数据库传输给政府管理信息综合管理平台。政府管理信息综合管理平台依据人民（市民）用户的具体要求，对感知信息进行筛选、认证，有选择性地将感知信息传输给政府服务平台，完成感知信息的上传。

政府传感网络平台传输来的感知信息的运行如图 3-8 所示。

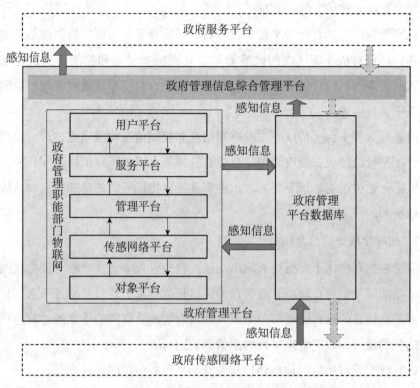

图 3-8　政府传感网络平台传输来的感知信息的运行

②政府服务平台传输来的控制信息

政府管理平台接收到的控制信息由政府管理信息综合管理平台接收并进行认证、解析等计算处理，保证接收到的控制信息是合法信息。

合法的控制信息由政府管理信息综合管理平台传输给政府管理平台数据库，由政府管理平台数据库物联网计算、处理和存储。

经政府管理平台数据库存储的控制信息传输给政府管理职能部门物联网，由相应的单体业务物联网对控制信息进行计算处理，再传输回政府管理平台数据库进行存储。

政府管理平台数据库将政府管理职能部门物联网处理后的控制信息传输给政府传感网络平台，完成控制信息的传输。

政府服务平台传输来的控制信息的运行如图 3-9 所示。

（2）政府管理平台内部信息的运行

政府管理平台内部信息的运行是信息在到达政府管理平台后，在政府管理信

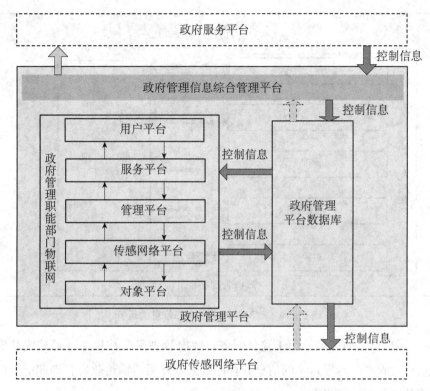

图 3-9 政府服务平台传输来的控制信息的运行

息综合管理平台、政府管理平台数据库、政府管理职能部门物联网三者之间的运行。政府管理平台内部信息的运行如图 3-10 所示。

政府管理职能部门物联网与政府管理平台数据库之间存在双向通信关系，政府管理职能部门物联网所表现出的功能是政府行使管理职能的各部门功能的集合。政府管理职能部门物联网作为终端单体业务物联网的集合，在进行业务处理时，会生成众多的感知信息和控制信息，这些信息全部存储在政府管理平台数据库中。同时，政府管理平台数据库作为政府管理物联网所有信息的存储者，可为政府管理职能部门物联网的单体业务物联网的运行提供信息支撑，使单体业务物联网更好、更高效地运行。政府管理职能部门物联网的单体业务物联网的任一功能平台均可单独与政府管理平台数据库通信，多个功能平台也可以同时与政府管理平台数据库通信，具体通信方式的选择根据具体业务需求而定。

政府管理信息综合管理平台与政府管理平台数据库之间存在双向通信关系。政府管理信息综合管理平台可从政府管理平台数据库中获取政府管理物联网人民

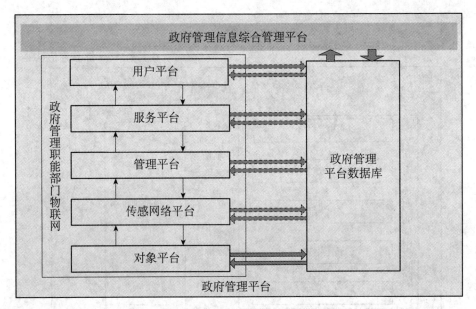

图 3 - 10　政府管理平台内部信息的运行

（市民）用户所需的信息，用于提供服务；政府管理平台数据库也可接收政府管理信息综合管理平台发送来的信息并存储起来，然后传输给政府管理职能部门物联网或政府传感网络平台。

（四）政府传感网络平台

政府管理平台需要通过相应的信息传输方式为人民（市民）用户寻找和连接对象，用于传输感知信息和控制信息，最终形成政府传感网络平台。政府传感网络平台是实现管理平台和对象平台双向通信的功能平台，是感知信息上传、控制信息下发的必由路径。

政府传感网络平台是政府管理物联网行使通信功能的重要功能平台，承担着准确、完整、真实地传输感知信息和控制信息的职责。智慧城市中的信息是海量的且数据结构不尽相同，这对智慧城市中负责信息传输的传感网络平台提出了更高的要求。

政府传感网络平台在为人民（市民）满足用户主导性需求而运作的同时，也通过自身的功能表现，从政府管理平台和对象平台处获得自身参与性需求的满足。

1. 政府传感网络平台内部结构

政府有多个具备传感职能的物理实体，故政府传感网络平台作为连接对象平台和政府管理平台的重要桥梁，在感知信息上传和控制信息下发的过程中起着不可替代的作用。一方面，政府传感网络平台连接着对象平台，从对象平台处获得感知信息，将感知信息上传给政府管理平台。感知信息准确、无误地上传，是人民（市民）用户做出有效决策、生成正确控制信息的前提。另一方面，政府传感网络平台连接着政府管理平台，从政府管理平台处获得控制信息。控制信息准确、无误地下发，是对象平台正确执行用户控制指令、表现出相应功能的基础。

政府传感网络平台内部由政府传感职能部门物联网、政府传感网络平台数据库、政府传感网络信息综合管理平台组成。政府传感网络平台内部结构如图3－11所示。

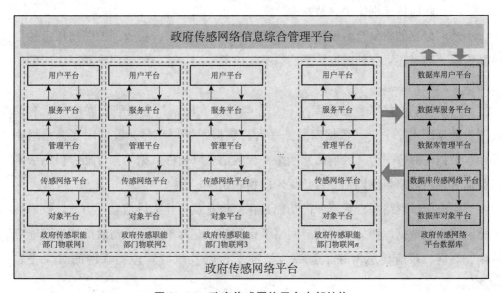

图3－11 政府传感网络平台内部结构

（1）政府传感职能部门物联网

政府传感职能部门物联网由政府传感职能部门物联网1、政府传感职能部门物联网2、政府传感职能部门物联网3……政府传感职能部门物联网n组成。不同政府传感职能部门物联网分管着不同的传感领域，运行着不同的感知信息和控制信息，表现出不同的传感功能，每个政府传感职能部门物联网均是负责特定业务的单体业务物联网。

负责不同业务方向的政府传感职能部门物联网具有相同的、完整的物联网结构，均由用户平台、服务平台、管理平台、传感网络平台、对象平台组成。各政府传感职能部门物联网（单体业务物联网）之间的信息运行不直接互通，均可独立运行。

政府传感职能部门物联网的各单体业务物联网可与政府管理平台数据库直接通信。政府传感职能部门物联网各单体业务物联网从政府传感网络平台数据库中获取业务信息，信息运行过程本质是对政府管理物联网感知信息和控制信息的计算处理过程。同时，政府传感职能部门物联网各单体业务物联运行中生产的众多物联网信息均存储于政府传感网络平台数据库中，通过信息共享的方式为其他政府传感职能部门物联网的单体业务物联网的运行或政府管理物联网的运行提供信息支撑。

（2）政府传感网络平台数据库

政府传感网络平台数据库用于存储政府传感网络平台接收到的感知信息和控制信息，同时还可存储政府传感网络平台内部政府传感职能部门物联网生成的感知信息和控制信息。

政府传感网络平台数据库是一个完整的物联网，具有完整物联网的所有要素：数据库用户平台、数据库服务平台、数据库管理平台、数据库传感网络平台、数据库对象平台。政府传感网络平台的信息以何种数据结构存储、保密级别如何等均由政府传感网络平台数据库的物联网决定。

政府传感网络平台数据库的功能是存储信息及向外提供信息，因此，政府传感网络平台数据库作为政府传感网络平台的信息存储单元，可与政府传感职能部门物联网、政府传感网络信息综合管理平台以及政府管理物联网的对象平台通信。

（3）政府传感网络信息综合管理平台

政府传感网络信息综合管理平台可与政府传感网络平台数据库及政府管理物联网的政府管理平台直接通信，可对传输至政府传感网络平台的物联网信息进行综合管理。

政府传感网络信息综合管理平台行使传感信息管理功能，可对政府传感网络平台内部的信息及传输至政府传感网络平台的感知信息和控制信息进行管理。物联网信息在经过政府传感网络信息综合管理平台上传或下发之前，均需通过认证和授权。

政府传感网络信息综合管理平台以人民（市民）用户实际需求为依据，通过过滤、识别等方式，从对象平台获取感知信息以及从管理平台获取控制信息。

2. 政府传感网络平台信息运行

政府传感网络平台在政府管理物联网中行使传感通信功能。通信功能必然涉及信息的运行。同政府服务平台、政府管理平台一样，政府传感网络平台的信息运行有两种方式，包括政府管理物联网信息到达政府传感网络平台后信息的运行和政府传感网络平台内部信息的运行。

（1）政府管理物联网信息到达政府传感网络平台后信息的运行

政府传感网络平台接收到的信息分为两类：一类是政府管理物联网的对象平台传输来的感知信息，另一类是政府管理物联网的政府管理平台传输来的控制信息。

① 对象平台传输来的感知信息

对象平台传输来的感知信息由政府传感网络平台数据库接收，经政府传感网络平台数据库物联网计算处理后，确定感知信息的性质，感知信息经分类、分级后，以合适的方式存储。

此时的感知信息状态还不适合直接传输给政府管理平台，需由政府传感职能部门物联网中相应的单体业务物联网进行计算处理，再传输回政府传感网络平台数据库进行存储。

感知信息在存储后，由政府传感网络平台数据库传输给传感网络信息综合管理平台，由其依据人民（市民）用户的具体要求，有选择性地将感知信息传输给政府管理平台，完成感知信息的上传。对象平台传输来的感知信息的运行如图3-12所示。

② 政府管理平台传输来的控制信息

政府管理信息综合管理平台对接收到的控制信息进行解析、过滤等处理，保证接收到的信息的合法性。

合法的控制信息传输给政府传感网络平台数据库，经政府服务平台数据库物联网计算处理后，分级、分类存储。

政府传感网络平台数据库将存储的控制信息传输给政府传感职能部门物联网中相应的单体业务物联网进行计算处理，将该控制信息转化为对象平台需要的控制信息后再传输回政府传感网络平台数据库进行存储，然后传输给对象平台执行，

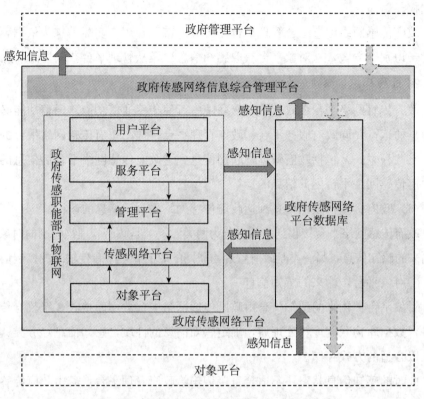

图 3 - 12 对象平台传输来的感知信息的运行

完成控制信息的下发。政府管理平台传输来的控制信息的运行如图 3 - 13 所示。

(2) 政府传感网络平台内部信息的运行

政府传感网络平台内部信息的运行是指物联网信息在政府传感网络信息综合管理平台、政府传感网络平台数据库、政府传感职能部门物联网三者之间的运行。政府传感网络平台内部信息的运行如图 3 - 14 所示。

政府传感职能部门物联网与政府传感网络平台数据库之间存在双向通信关系，政府传感职能部门物联网各单体业务物联网所表现出的功能集合成政府传感网络平台的功能。政府传感职能部门物联网的各单体业务物联网可对政府传感网络平台数据库中存储的感知信息和控制信息进行计算处理，并将运行中生成的众多感知信息和控制信息存储于政府传感网络平台数据库。同时，政府传感职能部门物联网的各单体业务物联网可从政府传感网络平台数据库中获取必要的信息以支撑自身运行，其中一部分信息也可以来自政府传感职能部门物联网的其他单体业务物联网。

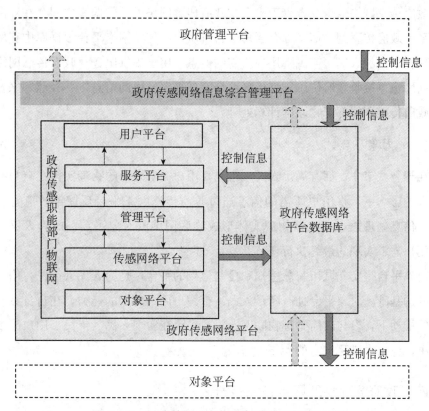

图 3-13　政府管理平台传输来的控制信息的运行

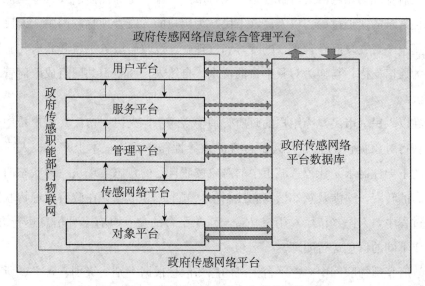

图 3-14　政府传感网络平台内部信息的运行

政府传感网络信息综合管理平台与政府传感网络平台数据库之间存在双向通信关系，政府传感网络信息综合管理平台可从政府传感网络平台数据库中获取政府管理物联网的人民（市民）用户所需的信息，用于提供服务；政府传感网络平台数据库也可接收政府传感网络信息综合管理平台发送的信息，并存储起来，传输给政府传感职能部门物联网计算处理。

（五）对象平台

在智慧城市中，拥有满足人民（市民）用户需求能力的物理实体在自身参与性需求的影响下，将用户所需的信息通过政府传感网络平台反馈给政府管理平台。在信息处理过程中，该物理实体形成物联网中的对象平台，成为人民（市民）用户需求实现的最终执行环节。

对象平台是实现城市智慧感知和控制效果的平台，是为人民（市民）用户提供服务的基础。对象平台拥有满足人民（市民）用户需求的能力，在自身参与性需求的推动下，参与政府管理物联网。对象平台在实现人民（市民）用户需求的过程中，也从中满足自身的参与性需求。

四、政府管理物联网的信息运行

政府管理物联网的运行过程是人民（市民）用户主导性需求及其他功能平台参与性需求的实现过程。以人民（市民）为用户的政府管理物联网中，人民（市民）用户平台在政府管理平台的统筹和管理下，以政府服务平台和政府传感网络平台为通信支撑，与作为对象平台的群众（自然人）和组织共同组成政府管理物联网。

在以人民（市民）为用户的政府管理物联网中，人民（市民）用户希望通过政府获得对象提供的服务，满足自身的主导性需求。从根本上来说，人民（市民）的主导性需求是让智慧城市中的对象按照自己的意志实现从一种状态向另一种状态的转变，这涉及感知信息和控制信息的生成和传输。在政府管理物联网的运行过程中，人民（市民）用户平台与对象平台的交互具有多种信息运行方式，可形成不同的信息运行闭环。

政府管理物联网中对象平台生成的感知信息根据类别、级别、含义、所有权等方面的不同，可划分为不同的信息运行方式，即区分该物联网中的信息可由哪个或哪些平台运行和处理，其信息运行终止于哪个平台。政府管理物联网中信息的运行方式包括对象自主感知控制的信息运行闭环、政府传感网络平台控制的信息运行闭环、政府管理平台控制的信息运行闭环、政府服务平台控制的信息运行闭环、人民（市民）用户平台控制的信息运行闭环。

政府管理物联网的信息运行闭环方式本质上由人民（市民）用户授权确定和选择，具体的授权行为一般由政府管理平台代替人民（市民）用户来执行。

（一）对象自主感知控制的信息运行闭环

对象自主感知控制的信息运行闭环是在特定应用场景和需求下产生的：对象在获得人民（市民）用户的需求信息后，感知信息不需要向上传输，对象自身便可自主实现感知信息向控制信息的转化，并由对象的控制单元执行，实现对象的自我控制。对象自主感知控制的信息运行闭环如图 3-15 所示。

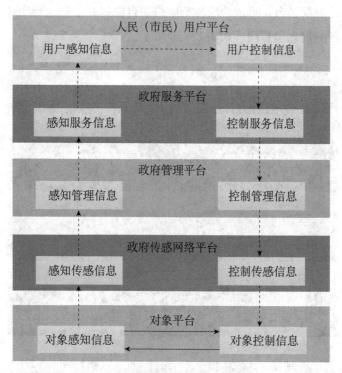

图 3-15　对象自主感知控制的信息运行闭环

人民（市民）用户作为政府管理物联网的主导者，主导着政府管理物联网的组建和运行，通过授权政府管理平台对物联网的运行进行统筹管理，实现自身需求的满足。

在拥有人民（市民）用户授权的情况下，以用户实际需求为依据，对象平台对某些事项能够独自完成感知和控制。感知信息向对象信息的转换过程在对象平台内部即可完成，达到为人民（市民）提供服务的目的。

政府管理物联网对象平台在内部进行自主感知控制，整个信息运行过程只有对象平台在用户授权的条件下直接参与，其他平台均间接参与。

（二）政府传感网络平台控制的信息运行闭环

政府传感网络平台连接着政府管理平台和对象平台，物联网信息在政府传感网络平台中运行，表现出感知传感和控制传感功能。

在拥有人民（市民）用户授权的情况下，政府管理平台以人民（市民）用户的需求及感知信息的特征为依据，授权政府传感网络平台将感知信息转化为控制信息并传输给对象平台，形成政府传感网络平台控制的信息运行闭环。政府传感网络平台控制的信息运行闭环如图 3 - 16 所示。

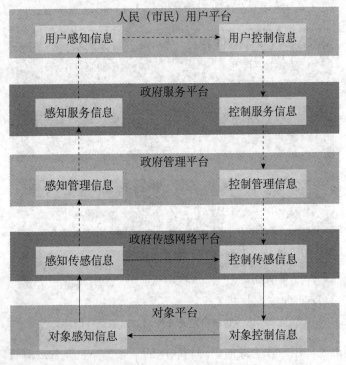

图 3 - 16　政府传感网络平台控制的信息运行闭环

在以人民（市民）用户需求为主导性需求完成物联网的组建后，对象平台以人民（市民）用户的需求为依据，生成特定的感知信息传输给政府传感网络平台。

政府传感网络平台接收到对象平台的感知信息后，会先对其进行识别、认证。在拥有人民（市民）用户授权的条件下，政府传感平台根据感知信息的具体内容、信息量及性质，依据平台自身的能力，判断自身对感知信息是否有自主处置权，对不拥有自主处置权或没有能力处置的感知信息，继续向上传输；对拥有处置权的感知信息，则在政府管理平台内部进行计算处理，经计算、加工转化为控制信息传输给对象平台，由对象识别、认证后执行控制，表现出相应的控制功能。

在人民（市民）用户主导的政府传感网络平台控制的信息运行闭环方式中，只有对象平台和政府传感网络平台直接参与了物联网信息的运行。感知信息和控制信息的运行路径在对象平台和政府传感网络平台之间形成完整的信息运行闭环。

（三）政府管理平台控制的信息运行闭环

政府管理平台连接着政府服务平台和政府传感网络平台，物联网信息在政府管理平台中运行，表现出感知管理和控制管理功能。政府管理平台作为人民（市民）用户授权的功能平台，对政府管理物联网的运行行使统筹和管理职能。政府管理平台以人民（市民）用户的需求及感知信息的特征为依据，可对感知信息和控制信息的运行方式（信息运行闭环的选择）进行指导和控制。

在某些特定的应用场景下，政府管理平台在自身权利和能力范围内，能够对接收到的感知信息做出正确决断，不需要将感知信息继续上传，形成政府管理平台控制的信息运行闭环。政府管理平台控制的信息运行闭环如图 3 - 17 所示。

政府管理物联网组建完成后，对象平台以人民（市民）用户的需求为依据，生成感知信息并上传。在感知信息传输过程中，对象平台和政府传感网络平台对感知信息无法做出完全正确的计算处理和判断，在自身能力范围内完成对感知信息的计算处理后仍需将感知信息传输给政府管理平台进行处理。

政府管理平台是政府管理物联网中计算能力、存储能力最为强大和全面的功能平台，其所接触的信息是最多的，用户和对象所接触的信息均已经过管理平台的遴选和选择性传输。政府管理平台的强大能力仅指其对信息的处理能力，基于

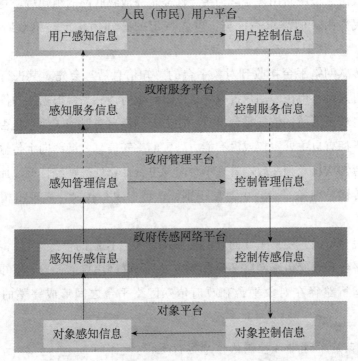

图 3-17　政府管理平台控制的信息运行闭环

所处的位置，其在做判断和决定方面与对象平台、政府传感网络平台、政府管理平台、政府服务平台一样，对于不能做出正确决断的感知信息均需要上传给上一级功能平台处理。

　　政府管理平台对自身有权也有能力做出正确判断的感知信息，会在平台内部将感知信息转化为控制信息，经政府传感网络平台传输给对象平台执行，完成感知信息和控制信息的运行。

　　在人民（市民）主导的政府管理平台控制的信息运行闭环方式中，对象平台、政府传感网络平台、政府管理平台直接参与了物联网信息的运行，人民（市民）用户平台和政府服务平台间接参与。政府管理物联网中的感知信息和控制信息的运行路径在对象平台和政府管理平台首尾相接，形成了完整的信息运行闭环。

　　（四）政府服务平台控制的信息运行闭环

　　政府服务平台连接着人民（市民）用户平台和政府管理平台，物联网信息在政府服务平台中运行，表现出感知服务和控制服务功能。

政府服务平台接收到的感知信息一般是政府管理平台计算处理后的感知信息，服务平台不需要拥有强大的信息计算能力，但要拥有比管理平台更加强大的对用户所需的感知信息的判断能力，因为其更靠近用户，故对用户需求的理解强于政府管理平台。因此，在某些特定的应用场景下，政府服务平台可直接对感知信息做出判断处理，形成政府服务平台控制的信息运行闭环。政府服务平台控制的信息运行闭环如图 3-18 所示。

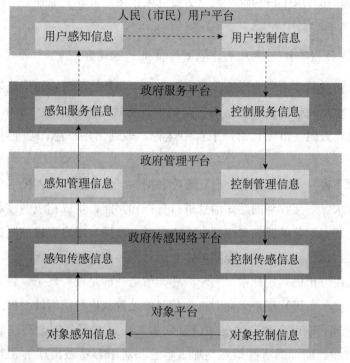

图 3-18　政府服务平台控制的信息运行闭环

政府管理物联网中的对象平台将以人民（市民）用户的需求为依据生成的感知信息传输给政府传感网络平台、政府管理平台、政府服务平台。政府服务平台能够接收到感知信息，说明对象平台、政府传感网络平台、政府管理平台无法对感知信息的内容做出判断或无权做出判断，需要政府服务平台或人民（市民）用户平台针对感知信息内容生成正确的控制信息，完成物联网信息的运行。

政府服务平台在接收到感知信息后，会在自身能力范围内对感知信息进行一定的处理，找出感知信息的主体信息，然后根据自身的理解能力和权限范围确定能否在不经过人民（市民）用户的情况下对感知信息做出正确的转化。若能，则感知信息在政府服务平台内部直接转化为控制信息，依次通过政府管理平台、政府传感网络平台传输给对象平台，由对象执行控制信息，并表现出相应的功能，完成物联网信息的运行。

在人民（市民）主导的政府服务平台控制的信息运行闭环方式中，对象平台、政府传感网络平台、政府管理平台、政府服务平台直接参与了物联网信息的运行，人民（市民）用户平台间接参与。政府管理物联网中的感知信息和控制信息的运行路径在对象平台和政府服务平台首尾相接，形成了服务平台控制的信息运行闭环。

（五）人民（市民）用户平台控制的信息运行闭环

人民（市民）用户平台连接着政府服务平台，是物联网感知信息最终到达的功能平台，也是完整物联网信息运行路径中，物联网控制信息生成的功能平台。物联网信息在人民（市民）用户平台中运行，表现出用户感知功能和用户控制功能。

人民（市民）用户主导着政府管理物联网的组建和运行。人民（市民）用户依据自身需求，对接收到的感知信息进行分析和判断，生成相应的控制信息传输给对象，实现对对象的感知和控制，形成人民（市民）用户直接控制的信息运行闭环。人民（市民）用户平台控制的信息运行闭环如图 3-19 所示。

需要人民（市民）用户做出判断的感知信息一般是较为复杂、具有多重含义的信息，人民（市民）用户无法对这类信息的处置权进行清晰的授权。

政府管理物联网所涉及的感知信息众多，在这些信息中，有些能够很容易地做出理解和判断，而有些却不是那么容易。对于容易做出理解和判断的感知信息，人民（市民）用户可根据理解和判断的难易程度分别对对象平台、政府传感网络平台、政府管理平台、政府服务平台进行授权；而不是那么容易做出理解和判断或者在不同场景下具有多种理解的感知信息，则需要由人民（市民）用户平台根据实际情况和实际场景做出正确的判断，否则物联网的运行就会失控。

人民（市民）用户接收到感知信息后，会根据自身的实际需求或根据事态变化对感知信息做出正确的理解和判断，生成控制信息，控制信息依次经过政府服务平台、政府管理平台、政府传感网络平台传输给对象平台，由对象执行，表现出相应的功能，完成物联网信息的运行。

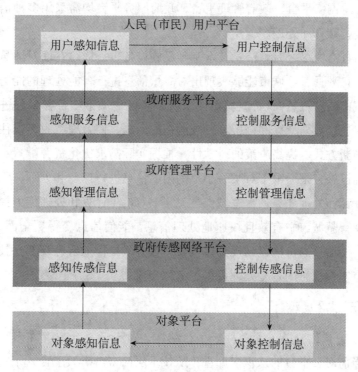

图 3 - 19　人民（市民）用户平台控制的信息运行闭环

在人民（市民）用户平台控制的信息运行闭环方式中，对象平台、政府传感网络平台、政府管理平台、政府服务平台以及人民（市民）用户平台直接参与了物联网信息的运行。政府管理物联网中的感知信息和控制信息的运行路径在对象平台和人民（市民）用户平台首尾相接，形成了完整的信息运行闭环。

用户主导的人民（市民）用户平台与对象平台之间的信息运行闭环是政府管理物联网最基本的信息运行方式，其余的物联网信息闭环运行方式均是在特定的条件和场景下产生的，旨在提高政府管理物联网的运行效率。无论政府管理物联网采取何种物联网信息运行方式，其目的均是在人民（市民）用户授权下，以人民（市民）意志为导向，让对象为人民（市民）用户提供服务。

五、云平台参与的政府管理物联网

智慧城市建设是一个复杂的系统工程，涉及社会生产和人民（市民）生活的方方面面。因此，智慧城市建设所涉及的数据是海量的、复杂的，政府管理物联网的政府传感网络平台、政府管理平台、政府服务平台均需采用多种信息技术对相关数据进行计算和处理。

人力尚且有穷尽之时，信息技术基础设施设备也一样。在面对体量巨大、结构复杂的信息数据时，城市能够表现出对海量信息进行智能处理的能力，才是真正实现了城市的"智慧"。智慧城市要求管理者能对城市中各种事件进行自主判断和预测，通过数据计算和分析，发现潜在的问题，使管理者脱离以往的直觉和经验主义判断方式，提高决策的科学性，根据实际需求优化资源配置。传统的信息技术基础设施多是局限于对某一小范围内的信息进行计算和处理，无法胜任海量数据的计算和处理任务，智慧城市在宏观上对信息计算和处理能力提出了更高的要求。在智慧城市中有效且快速地处理信息，能使信息变得更全面、更具体、更易利用，使信息的价值得到提升。以云平台方式提供的云计算新兴技术的应用为智慧城市实现信息的智慧处理提供了有力支撑。

（一）云平台类型

学术界基于 ICT 提出了多种云平台结构，对于云平台也存在多种表述。笔者认为，当前对云平台的认识多偏重于从技术层面来解析云平台，未能很好地解释云平台的本质特征。若将云平台看作物联网的一部分，则对云平台的认识将会清晰得多。

云平台面对的是数量众多的用户。云平台的信息来自对象，用云计算后的信息服务于用户：云平台从对象处获得感知信息，经过云平台的云计算处理后为用户提供感知服务，同时接收用户发来的控制信息，经过云计算处理后传输给对象，由对象执行控制信息，为用户提供控制服务。云平台为用户提供云计算服务的过程是感知信息和控制信息在云平台内部转换、融合的过程。综上所述，云平台为用户提供的服务在本质上是感知和控制服务，属于物联网服务，云平台内部存在传感网络平台、管理平台和服务平台，因此云平台可细分为传感云平台、管理云平台、服务云平台。

传感云平台是实现传感通信的云平台，能够实现对巨大数量级的传感信息的传输和计算。传感云平台能够对接收到的感知信息和控制信息进行云计算。云计算内容包括信息认证、过滤、加密等，防止非法、未授权信息的上传和下发，能对通信进行鉴权，实现 IP 地址管理、防火墙规则管理、网络流量控制管理等。

管理云平台是实现信息汇集、统筹管理的云平台，能够实现对感知管理信息和控制管理信息的管理和计算。管理云平台中汇聚了云平台中的全部信息，能够实现对整个云平台的综合管理——包括信息认证、解析、检索、统计、分析、分类、存储、备份、隔离等，同时能够实现对设备的管理，包括设施检索、设备注册和注销、设备调用等。

服务云平台是实现服务通信的云平台，能够实现对感知服务信息和控制服务信息的管理和计算。服务云平台与用户直接通信，能够将对象的感知信息发送给用户，也能接收用户下发的控制信息。服务云平台的云计算包括信息认证、加密、过滤等方面，防止虚假、未授权、冗余信息上传和下发，实现接口管理、防火墙规则管理、网络流量控制管理等。通过服务云平台，感知信息和控制信息的有效性和合法性得到了保证。

（二）云平台参与的政府管理物联网结构

在政府管理物联网中，对象与人民（市民）用户之间是一种提供服务与被服务的关系，存在着感知信息和控制信息的交互。政府管理物联网的传感网络平台、管理平台、服务平台是对象在为人民（市民）用户提供物联网服务时的三个中间环节，传感、管理以及服务是对象与人民（市民）用户交互过程中形成的不同功能状态。物联网信息被准确表达的前提是物联网信息被正确理解，这需要物联网的传感网络平台、管理平台、服务平台具有一定的计算能力。

面对数据指数级增长的现代城市，政府管理物联网的政府传感网络平台、政府管理平台、政府服务平台的计算能力的提升存在瓶颈，无法完全满足对信息的高效、准确的计算处理要求。云平台的出现为巨大量级的信息计算处理提供了可能。政府管理物联网可通过连接云平台的方式实现物联网信息的网外计算，实现对物联网信息的高效、准确的计算处理。网外计算并不是将信息传输给网外的云平台就不管了，网外云平台同样受到严格监管，信息的存储、计算处理、汇聚、融合仍旧受到严格控制，以保证政府信息的安全性。

传感云平台、管理云平台、服务云平台可分别连接于物联网的政府传感网络平台、政府管理平台以及政府服务平台，遵循人民（市民）用户的意志，为物联网中信息的处理提供云计算服务。在智慧城市中，连接于政府管理物联网的云平台是政府在运营，因此又被称为政府传感云平台、政府管理云平台、政府服务云平台。云平台参与的政府管理物联网结构如图3-20所示。

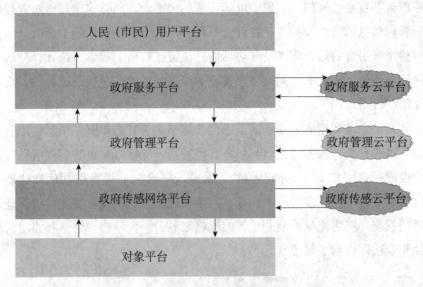

图 3 – 20　云平台参与的政府管理物联网结构

云平台对政府管理物联网的信息进行计算和处理不是信息使用过程的终结，只有将处理后的物联网信息发送给信息的需求者，才算完成了物联网信息的完整增值利用过程。政府管理物联网的信息在被云平台进行云计算处理后，会返回政府部门，由政府对物联网信息进行统一掌控和分配，使除其自身外的人民（市民）用户、自然人（群众）、组织均能享受到信息带来的服务，既满足人民（市民）用户的主导性需求，又满足政府、自然人（群众）、组织的参与性需求。

云平台参与政府管理物联网的形式属于网外计算，主要为云平台提供云计算资源。政府管理物联网的政府传感网络平台、政府管理平台、政府服务平台在对感知信息和控制信息进行处理时需将感知信息和控制信息传输给网外的云平台，由外部云平台为物联网信息提供云计算处理，云计算后的信息再传输给物联网相应的功能平台（云平台与对应的物联网功能平台之间形成闭环，保证了信息的闭环运行），用物联网为用户提供更加高效、便捷的服务。同时，物联网也可通过获取更多的外部资源和网外信息来实现物联网内服务的升级。

1. 政府传感云平台

政府传感云平台是政府部门自身建立或委托有资质的第三方建立的云平台，通过云服务形式提供额外信息计算资源。政府传感云平台由政府管理和控制，对物联网中传输来的感知信息和控制信息进行计算和传输。政府传感云平台与政府传感网络平台的连接结构如图 3-21 所示。

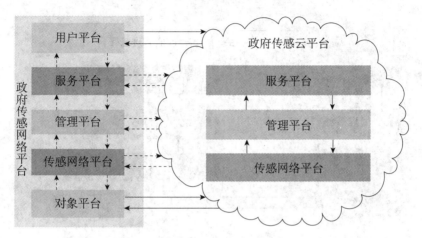

图 3-21 政府传感云平台与政府传感网络平台的连接结构

政府传感网络平台内部存在物联网结构，具有完整的功能平台，包括对象平台、传感网络平台、管理平台、服务平台、用户平台。政府管理物联网的感知信息和控制信息到达政府传感网络平台后，会被转化为感知传感信息和控制传感信息，在政府传感网络平台内部运行。

感知传感信息到达政府传感网络平台后，政府传感网络平台的信息计算能力无法满足计算需要，此时对象平台会将感知传感信息传输给政府传感云平台，由其代替政府传感网络平台中的传感网络平台、管理平台、服务平台，对物联网信息进行计算和处理，然后将云计算后的感知传感信息传输给政府传感网络平台中的用户平台。

政府传感云平台内部由传感网络平台、管理平台、服务平台组成，对应着政府传感网络平台内部的传感网络平台、管理平台、服务平台。外接政府传感云平台后，原本的政府传感网络平台内部的对象平台和用户平台不变。政府传感云平台接收到的政府管理物联网的感知传感信息在逻辑上也可通过与政府传感网络平台的传感网络平台、管理平台、服务平台通信获得。

2. 政府管理云平台

政府管理云平台是政府部门自身建立或委托有资质的第三方建立的云平台，通过云服务形式提供额外的信息计算资源。与政府传感云平台一样，政府管理云平台由政府管理和控制，对物联网中传输来的感知信息和控制信息进行计算和传输。政府管理云平台与政府管理平台的连接结构如图 3-22 所示。

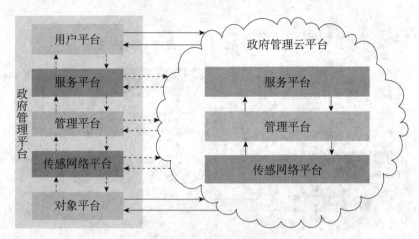

图 3-22 政府管理云平台与政府管理平台的连接结构

政府管理平台内部存在完整的物联网结构，包括对象平台、传感网络平台、管理平台、服务平台、用户平台五个功能平台。政府管理物联网的感知信息和控制信息到达政府管理平台后，会被转化为感知管理信息和控制管理信息，在政府管理平台内部运行。

感知管理信息到达政府管理平台后，政府管理平台无法实现对感知管理信息的有效计算，政府管理平台内部的对象平台会将感知管理信息传输给政府管理云平台，由政府管理云平台代替政府管理平台中的传感网络平台、管理平台、服务平台，对该物联网中的信息进行计算和处理，然后将云计算后的感知管理信息传输给政府管理平台中的用户平台。

政府管理云平台内部由传感网络平台、管理平台、服务平台组成，对应着政府管理平台内部的传感网络平台、管理平台、服务平台。外接政府管理云平台后，原本的政府管理平台内部的对象平台和用户平台不变。政府管理云平台接收到的政府管理物联网的感知管理信息在逻辑上也可通过与政府管理平台的传感网络平台、管理平台、服务平台通信获得。

3. 政府服务云平台

政府服务云平台是政府部门自身建立或委托有资质的第三方建立的云平台，通过云服务形式提供额外的信息计算资源。与政府传感云平台、政府管理云平台一样，政府服务云平台由政府管理和控制，对物联网中传输来的感知信息和控制信息进行计算和传输。政府服务云平台与政府服务平台的连接结构如图 3 - 23 所示。

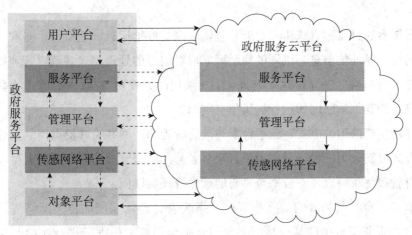

图 3 - 23　政府服务云平台与政府服务平台的连接结构

政府服务平台内部存在完整的物联网结构，包括对象平台、传感网络平台、管理平台、服务平台、用户平台五个功能平台。政府管理物联网的感知信息和控制信息到达政府服务平台后，会被转化为感知服务信息和控制服务信息，在政府服务平台内部运行。

感知服务信息到达政府服务平台后，政府服务平台无法实现对感知服务信息的有效计算，政府服务平台内部的对象平台会将感知服务信息传输给政府服务云平台，由政府服务云平台代替政府服务平台中的传感网络平台、管理平台、服务平台，对物联网信息进行计算和处理，然后将云计算后的感知服务信息传输给政府服务平台中的用户平台。

政府服务云平台内部由传感网络平台、管理平台、服务平台组成，对应着政府服务平台内部的传感网络平台、管理平台、服务平台。外接政府服务云平台后，原本的政府服务平台内部的对象平台和用户平台不变。政府服务云平台接收到的政府管理物联网中的感知服务信息在逻辑上也可通过与政府服务平台的传感网络平台、管理平台、服务平台通信获得。

（三）云平台参与的政府管理物联网的信息运行

人民（市民）用户主导云平台参与的政府管理物联网的组建和运行：人民

（市民）用户通过赋予政府管理平台权力，使政府管理平台具备了选择政府管理物联网信息运行方式的权限。政府管理平台通过分级授权的方式，针对不同的应用场景，实现对物联网信息运行方式的最优化选择，提高政府管理物联网的运行效率。

云平台通过三种方式协助政府管理物联网更好地运行，主要为：向政府管理物联网提供额外的信息，以辅助物联网完成对信息的处理；代替政府管理物联网的功能平台对信息进行计算、存储（主要采用的方式）；接收政府管理物联网中的信息，为其他物联网的运行提供信息资源。

针对主要采用的方式，云平台参与政府管理物联网并为其提供网外云计算资源的方式可细分为三种，分别为单云平台参与的政府管理物联网、两云平台参与的政府管理物联网以及三云平台参与的政府管理物联网。

单云平台参与的政府管理物联网：指政府管理物联网的传感网络平台、管理平台、服务平台中的某一功能平台与云平台连接。根据云平台连接的功能平台不同，单云平台参与的物联网又可分为传感云平台参与的政府管理物联网、政府管理云平台参与的政府管理物联网以及服务云平台参与的政府管理物联网。

两云平台参与的政府管理物联网：指政府管理物联网的政府传感网络平台、政府管理平台、政府服务平台中的某两个功能平台与云平台连接。根据云平台所连接的功能平台的不同又可分为政府传感云平台和政府管理云平台参与的政府管理物联网、政府传感云平台和政府服务云平台参与的政府管理物联网、政府管理云平台和政府服务云平台参与的政府管理物联网。

三云平台参与的政府管理物联网：指政府管理物联网的政府传感网络平台、政府管理平台及政府服务平台分别与政府传感云平台、政府管理云平台和政府服务云平台连接，形成三云平台参与的政府管理物联网。

1. 单云平台参与的政府管理物联网

政府传感云平台、政府管理云平台、政府服务云平台均可单独参与政府管理物联网，为政府管理物联网提供优质的网外计算资源，分别形成政府传感云平台参与的政府管理物联网、政府管理云平台参与的政府管理物联网以及政府服务云平台参与的政府管理物联网。不同的云平台参与的政府管理物联网表现出不同的功能，但其物联网信息运行的闭环原理是相通的。

（1）政府传感云平台参与的政府管理物联网

政府管理物联网的政府传感网络平台是用于物联网信息传输的功能平台，肩负着对象感知信息上传、用户控制信息下发的重要作用。政府传感网络平台对物联网中信息准确无误的传输和表达对物联网的服务质量起着决定性的作用。

智慧城市中信息规模的爆发性增长对政府传感网络平台的性能和功能提出了更高的要求。政府传感网络平台需要承担巨量级设备接入的压力，并需要具有较强的数据计算和存储能力，这是以传统方式建设的政府传感网络平台所无法实现的。当政府传感网络平台需要接入大量级对象设备和实现传感信息的有效、高速处理这一目标时，便需要连接物联网外的云计算资源——政府传感云平台协助其对感知信息和控制信息进行计算处理，大大提高了政府传感网络平台内部信息处理的质量。在政府传感云平台足够强大的情况下，政府管理平台和政府服务平台的信息处理压力将极大地降低，可不连接网外云平台，依靠自身运行来保障物联网的整体运行。

政府传感云平台参与的政府管理物联网有四种信息运行方式，分别是 a、b、c、d 这四种信息运行闭环。每种信息运行闭环均由人民（市民）用户授权政府管理平台确定，不同运行闭环代表不同的应用场景，下面将一一阐述。

信息运行闭环 a（如图 3-24 所示）：政府管理物联网中的感知信息传输至政府传感网络平台后，由外接的政府传感云平台对感知信息进行计算处理。云平台对感知信息的计算过程是协助政府传感网络平台理解感知信息的过程。政府传感网络平台在权限和能力范围内若能理解感知信息的具体含义，并能够做出准确判断，则代替用户生成控制信息并传输到对象平台，由对象执行控制信息，并以功能的形式将运行结果表现出来。

采用信息运行闭环 a 时，政府管理物联网中的政府管理平台、政府服务平台以及人民（市民）用户平台未直接参与物联网信息的运行，政府传感网络平台和对象平台直接参与了该物联网中信息的运行。

信息运行闭环 b（如图 3-25 所示）：政府管理物联网中的感知信息经过政府传感云平台的云计算后，政府传感网络平台仍然无法对感知信息做出正确的理解或无权对感知信息做出最终的处置，从而会将感知信息上传给政府管理平台进行进一步的处理。

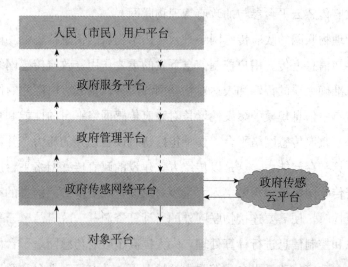

图 3 - 24　政府传感云平台参与的政府管理物联网信息运行闭环 a

政府管理平台在接收到感知信息后，若可以正确理解，并能够做出正确的判断，则在政府管理平台内部将感知信息转化为控制信息，由政府传感网络平台传输给对象执行，并以功能的形式表现出来。

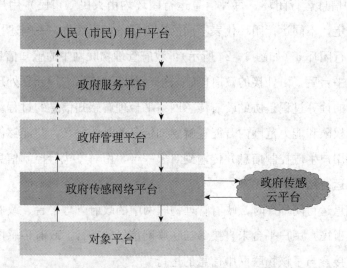

图 3 - 25　政府传感云平台参与的政府管理物联网信息运行闭环 b

采用信息运行闭环 b 时，政府物联网中的政府服务平台和人民（市民）用户平台未直接参与信息的运行，政府管理平台、政府传感网络平台和对象平台直接参与了该物联网中信息的运行。

信息运行闭环 c（如图 3-26 所示）：政府传感云平台对感知信息进行计算和处理后，政府传感网络平台、政府管理平台均不理解感知信息的准确含义或无权对其做出最终的处置，政府管理平台将其上传给政府服务平台进行进一步的处理。

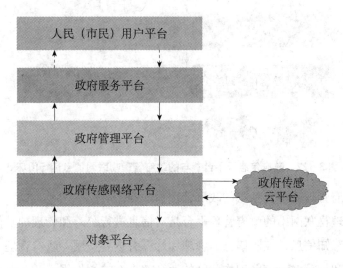

图 3-26　政府传感云平台参与的政府管理物联网信息运行闭环 c

政府服务平台接收到感知信息后，通过解读，确定其有权对感知信息做出最终处置，在政府服务平台内部将感知信息转化为控制信息，最终传输给对象平台执行，执行结果以功能的形式表现出来，完成政府管理物联网中信息的运行。

采用信息运行闭环 c 时，人民（市民）用户平台未直接参与政府管理物联网中信息的运行，政府服务平台、政府管理平台、政府传感网络平台和对象平台直接参与了信息的运行。

信息运行闭环 d（如图 3-27 所示）：政府管理物联网中的感知信息依次经过政府传感网络平台（政府传感云平台）、政府管理平台、政府服务平台的计算和处理后，三者均无能力或无权对感知信息做出最终的处置，则感知信息到底代表什么含义、应该做出何种响应等问题最终都由人民（市民）用户根据自身需求和所处环境做出最终的判断，以保证控制信息的准确性，保障最终服务的优质性。

采用信息运行闭环 d 时，政府管理物联网中的所有功能平台协同合作，共同支撑信息的成功运行。

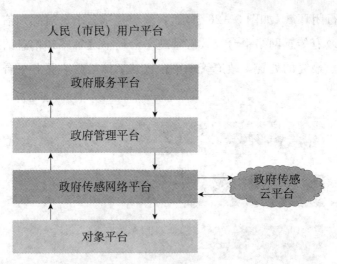

图 3-27　政府传感云平台参与的政府管理物联网信息运行闭环 d

（2）政府管理云平台参与的政府管理物联网

政府管理物联网中的政府管理平台是对信息进行统筹和管理的功能平台，对物联网中的感知信息、控制信息的管理和计算有重要作用。政府管理平台对信息的高效处理和计算对政府管理物联网的运行效果有核心作用。

在智慧城市中，每分每秒都有巨量级的信息产生。面对巨量级信息的接收、处理，以传统信息手段建设的管理平台显然无法满足信息处理要求，而接入云平台以获得更加优质的计算资源将是解决这个问题的一种重要手段。

在政府管理物联网中，对于需要外接政府管理云平台进行计算处理的信息，依据人民（市民）用户授权情况的不同，其信息运行方式包括 a、b、c 这三种信息运行闭环。在政府管理云平台参与下的政府管理物联网中，不同运行闭环代表该物联网的不同应用场景，下面将具体阐述。

信息运行闭环 a（如图 3-28 所示）：感知信息经对象平台、政府传感网络平台传输至政府管理平台，对象平台和政府传感网络平台只能实现对信息的计算和处理，而无能力或无权对感知信息做出最终的处置。感知信息到达政府管理平台后，政府管理平台自身无法实现对感知信息进行精细化处理，需由其连接的政府管理云平台对感知信息进行云计算处理，然后由政府管理平台判断自身是否有权对感知信息做出最终的处置。对于有权做出最终处置的感知信息，政府管理平台将依据感知信息的具体内容生成控制信息。控制信息依次经过政府管理平台、政府传感网络平台到达对象平台，由对象执行控制信息，并以功能的形式表现出来。

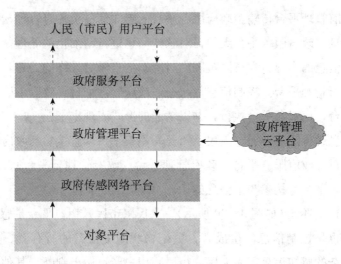

图 3－28　政府管理云平台参与的政府管理物联网信息运行闭环 a

采用信息运行闭环 a 时，政府管理物联网中的人民（市民）用户平台以及政府服务平台未直接参与信息的运行，政府管理平台、政府传感网络平台和对象平台直接参与了信息运行。

信息运行闭环 b（如图 3－29 所示）：政府管理物联网中的感知信息经过对象平台、政府传感网络平台、政府管理云平台的计算和处理后，政府管理平台即使理解感知信息的具体含义，也无权依据感知信息内容做出判断，需将感知信息上传给政府服务平台进行进一步的处理。

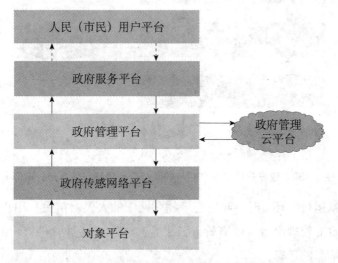

图 3－29　政府管理云平台参与的政府管理物联网信息运行闭环 b

由于政府管理平台传输给政府服务平台的感知信息是政府管理云平台进行云计算后的信息，政府服务平台无须再对感知信息进行精细化的处理。政府服务平台依据感知信息的内容，在权限范围内对感知信息做出最终的处置，生成控制信息下发给政府管理平台。控制信息依次经过政府管理平台、政府传感网络平台传输至对象平台，由对象平台执行，并以功能的形式表现出来。

采用信息运行闭环 b 时，人民（市民）用户平台未直接参与政府管理物联网中信息的运行，政府服务平台、政府管理平台（政府管理云平台）、政府传感网络平台和对象平台直接参与了信息的运行。

信息运行闭环 c（如图 3-30 所示）：人民（市民）用户平台是感知信息最终的接收者，也是控制信息的生成者，更是物联网中信息的所有者。具有多重含义、内容繁杂的感知信息需由人民（市民）用户亲自做出判断，其他功能平台易因自身的局限性而对这类感知信息的判断和处置产生误解。人民（市民）用户对感知信息的解析和判断过程同样是生成控制信息的过程。控制信息依次通过政府服务平台、政府管理平台（政府管理云平台）、政府传感网络平台的计算和处理后，传输给对象平台，由对象平台执行，并以功能的形式表现出来。

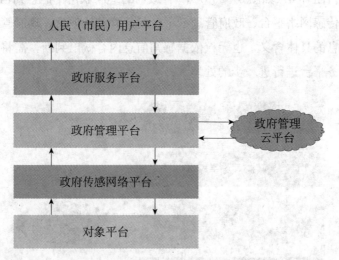

图 3-30　政府管理云平台参与的政府管理物联网信息运行闭环 c

采用信息运行闭环 c 时，政府管理物联网中的人民（市民）用户平台、政府服务平台、政府管理平台（政府管理云平台）、政府传感网络平台和对象平台均直接参与了信息的运行。

（3）政府服务云平台参与的政府管理物联网

政府管理物联网中的政府服务平台是人民（市民）用户平台接收服务信息和向外表达自身需求的功能平台，在感知信息和控制信息的传输中起着重要作用。政府服务平台对物联网中信息的计算和处理包括信息抽取、分类、再加工等方面。

在政府管理物联网中，政府服务平台需要接入众多的用户设备来与政府管理平台连接，这些用户设备代表着背后的众多用户，而用户的需求又是多样的，传统的政府管理平台无法承受与如此海量的用户连接的压力。政府服务平台需要连接政府服务云平台来提高自身的信息处理能力，以为人民（市民）用户提供更加优质的服务。

在实际应用场景下，需要服务云平台参与计算和处理的感知信息有两种运行方式，分别是信息运行闭环 a 和 b。

信息运行闭环 a（如图 3-31 所示）：政府管理物联网中的对象平台、政府传感网络平台、政府管理平台无法对感知信息做出正确的理解和判断，要将感知信息继续上传，并且需要政府服务云平台进行云计算。感知信息到达政府服务平台后，由政府服务云平台进行计算和处理，然后由政府服务平台依据云计算后的感知信息，判断自身对感知信息的处置权限和级别。若政府服务平台有能力也有权对感知信息做出最终的处置，则政府服务平台依据感知信息内容生成控制信息下发给对象平台，由对象执行，并以功能的形式表现出来。

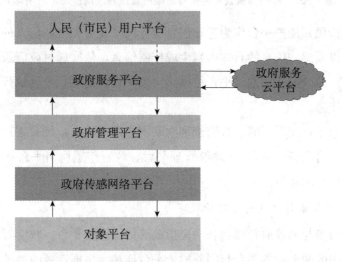

图 3-31　政府服务云平台参与的政府管理物联网信息运行闭环 a

采用信息运行闭环 b 时，人民（市民）用户平台未直接参与政府管理物联网中信息的运行，政府服务平台（政府服务云平台）、政府管理平台、政府传感网络平台和对象平台则直接参与了信息的运行。

信息运行闭环 b（如图 3-32 所示）：感知信息经政府服务云平台的计算和处理后，政府服务平台根据判断，无能力也无权对感知信息进行最终的处置，则感知信息上传给人民（市民）用户，由人民（市民）用户依据感知信息的内容对政府管理物联网中信息的运行做出最终的定夺。

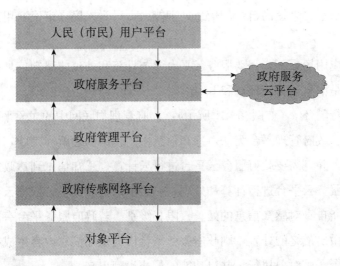

图 3-32　政府服务云平台参与的政府管理物联网信息运行闭环 b

人民（市民）用户平台作为感知信息服务的享受者和控制信息的生成者，根据自身需求以及感知信息的具体内容生成控制信息，依次通过政府服务平台、政府管理平台以及政府传感网络平台传输给对象平台，由对象平台执行，并以功能的形式表现出来。

采用信息运行闭环 b 时，政府管理物联网中的人民（市民）用户平台、政府服务平台（政府服务云平台）、政府管理平台、政府传感网络平台和对象平台均直接参与了信息的运行。

2. 两云平台参与的政府管理物联网

两云平台参与的政府管理物联网是指政府传感网络平台、政府管理平台、政府服务平台中的两个功能平台与网外的云平台连接。根据连接的网外云平台的不同，两云平台参与的政府管理物联网分为政府传感云平台和政府管理云平台参与的政府管理物联网、政府传感云平台和政府服务云平台参与的政府管理物联网、政府管理云平台和政府服务云平台参与的政府管理物联网。

（1）政府传感云平台和政府管理云平台参与的政府管理物联网

政府传感云平台和政府管理云平台参与的政府管理物联网是指政府传感网络平台和政府管理平台连接云平台，政府服务平台无须再连接云平台。政府传感云平台代替政府传感网络平台对政府管理物联网中的信息行使传感通信功能，可承担接入对象平台海量设备的任务；政府管理云平台代替政府管理平台对信息进行云计算和处理，大大提升政府管理平台对信息的处理能力和处理质量。政府传感云平台和政府管理云平台参与的政府管理物联网的统筹和管理功能仍由政府管理平台负责。

在用户主导的传感云平台和政府管理云平台参与的政府管理物联网中，需要政府传感云平台和政府管理云平台处理的信息具有多种运行方式，在特定的应用情景下，通过人民（市民）用户分级授权，传感云平台和管理云平台参与的政府管理物联网形成的信息运行闭环有三种形式，分别是政府管理平台（政府管理云平台）控制的政府管理物联网信息运行闭环 a、政府服务平台控制的政府管理物联网信息运行闭环 b、人民（市民）用户平台控制的政府管理物联网信息运行闭环 c。

传感云平台和管理云平台参与的政府管理物联网在不同场景下的这三种信息运行闭环均是由人民（市民）用户授权确定的。

信息运行闭环 a（如图 3 - 33 所示）：需要政府传感云平台和政府管理云平台计算和处理的感知信息，在经过政府管理云平台的计算和处理后，由政府管理平台确定感知信息的性质和自身对感知信息的处置权利。有能力和有权处置的感知信息由政府管理平台对感知信息做出最终的判断，生成控制信息，依次通过政府传感网络平台传输给对象平台，由对象执行，并以功能的形式表现出来。

采用信息运行闭环 a 时，政府管理物联网的人民（市民）用户平台和政府服务平台未直接参与信息的运行，政府管理平台（政府管理云平台）、政府传感网络平台（政府传感云平台）和对象平台则直接参与了信息的运行。

信息运行闭环 b（如图 3 - 34 所示）：政府服务平台接收到的感知信息是政府传感云平台和政府服务云平台处理后的感知信息，政府服务平台对感知信息的处

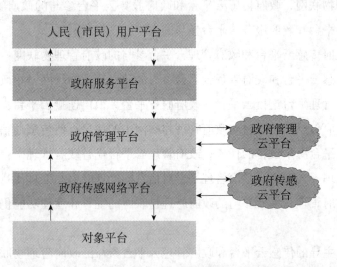

图 3-33 政府传感云平台和政府管理云平台参与的政府管理物联网信息运行闭环 a

理压力大幅降低，对感知信息的处理包括基本的计算、存储和识别等方面。针对具有最终处置权的感知信息，政府服务平台依据感知信息内容生成控制信息，依次通过政府管理平台、政府传感网络平台传输给对象平台，由对象执行，并以功能的形式表现出来。

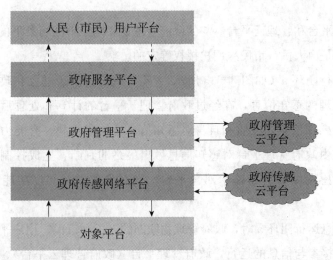

图 3-34 政府传感云平台和政府管理云平台参与的政府管理物联网信息运行闭环 b

采用信息运行闭环 b 时，政府管理物联网中的人民（市民）用户平台未直接参与信息的运行，政府服务平台、政府管理平台（政府管理云平台）、政府传感网络平台（政府传感云平台）以及对象平台则在人民（市民）用户授权的条件下直接参与了信息的运行。

信息运行闭环 c（如图 3-35 所示）：由于感知信息的复杂性和其含义的多重性，即使经过了政府传感云平台和政府管理云平台的计算和处理，政府服务平台仍然无能力或无权对感知信息做出最后的处置，此时对感知信息的最终处理将由人民（市民）用户来决定。

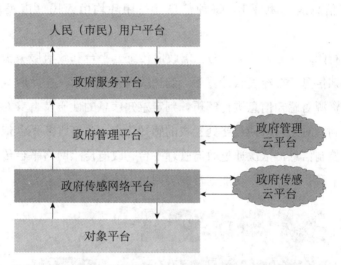

图 3-35　政府传感云平台和政府管理云平台参与的政府管理物联网信息运行闭环 c

人民（市民）用户平台作为政府管理物联网信息的拥有者，在接收到感知信息后，会依据自身实际需求和所处环境，动态地理解感知信息表达的具体含义，适时生成控制信息下发。控制信息依次经过政府服务平台、政府管理平台、政府传感网络平台传输给对象平台，由对象平台执行，并以功能的形式表现出来。

采用信息运行闭环 c 时，政府管理物联网中的人民（市民）用户平台、政府服务平台、政府管理平台（政府管理云平台）、政府传感网络平台（政府传感云平台）和对象平台均直接参与信息的运行。

（2）政府传感云平台和政府服务云平台参与的政府管理物联网

政府传感云平台和政府服务云平台参与的政府管理物联网是指政府传感网络平台和政府服务平台连接云平台，政府管理平台性能则非常强大，无须连接云平台。政府传感云平台代替政府传感网络平台对政府管理物联网的信息行使传感通信功能，可承担对象平台海量设备的接入；政府服务云平台代替政府服务平台行使服务通信功能，可承接海量用户设备的接入。

在人民（市民）用户主导的政府传感云平台和政府服务云平台参与的政府管理物联网中，信息的闭环运行方式依应用场景的不同而不同。在特定的应用情境下，人民（市民）用户通过分级授权的方式，可授权其他功能平台完成政府管理物联网中信息的运行，信息运行闭环有两种形式：政府服务平台（政府服务云平台）控制的政府管理物联网信息运行闭环 a、人民（市民）用户平台控制的政府管理物联网信息运行闭环 b，每种信息运行闭环均由人民（市民）用户授权确定。

信息运行闭环 a（见图 3-36）：需政府传感云平台和政府服务云平台云计算和处理的感知信息，在经过云计算后，到达政府服务平台——此时政府服务平台会依据自身资源对感知信息进行解析，判定感知信息的性质及自身对感知信息能够行使的权利；对于可行使最终处置权的感知信息，政府服务平台依据感知信息的内容生成控制信息，依次通过政府管理平台、政府传感网络平台传输给对象平台，由对象平台执行，并以功能的形式表现出来。

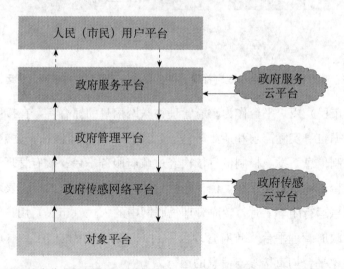

图 3-36 政府传感云平台和政府服务云平台参与的政府管理物联网信息运行 a

采用信息运行闭环 a 时，政府管理物联网中的人民（市民）用户平台未直接参与信息的运行，政府服务平台（政府服务云平台）、政府管理平台、政府传感网络平台（政府传感云平台）以及对象平台则在人民（市民）用户授权的条件下直接参与信息的运行。

信息运行闭环 b（见图 3-37）：经政府传感云平台和政府服务云平台进行云计算和处理后的感知信息传输至政府服务平台——政府服务平台依据自身资源对感知信息进行解析，判定感知信息的性质及自身对感知信息能够行使的权力；对于无法准确判断含义或无权做出最终处置的感知信息，政府服务平台将其传输给人民（市民）用户平台，由用户处理。

人民（市民）用户平台作为感知信息的最终接收者，根据自身需求对感知信息进行理解，判断对象的真实状态，然后生成控制信息，依次经过政府服务平台（政府服务云平台）、政府管理平台、政府传感网络平台（政府传感云平台）传输给对象平台，由对象平台执行，并以功能的形式表现出来。

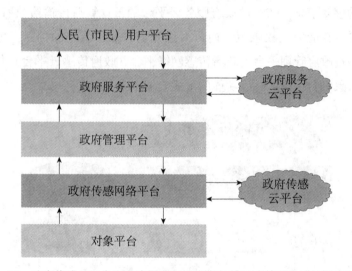

图 3-37 政府传感云平台和政府服务云平台参与的政府管理物联网信息运行 b

采用信息运行闭环 b 时，政府管理物联网中的人民（市民）用户平台、政府服务平台、政府管理平台（政府管理云平台）、政府传感网络平台（政府传感云平台）和对象平台均直接参与信息的运行。

（3）政府管理云平台和政府服务云平台参与的政府管理物联网

政府管理云平台和政府服务云平台参与的政府管理物联网是指政府管理平台和政府服务平台连接云平台，政府传感网络平台无须连接云平台便可实现高效的传感通信。政府管理云平台代替政府管理平台对政府管理物联网中的信息进行计算和处理，实现物联网的高效运行，在此过程中，政府管理物联网的管理职责仍由政府管理平台承担。政府服务云平台代替政府服务平台行使服务通信功能，可承接海量用户设备的接入。

在人民（市民）用户主导的政府管理云平台和政府服务云平台参与的政府管理物联网中，信息的闭环运行方式由人民（市民）用户通过分级授权的方式确定。政府管理云平台和政府服务云平台参与的政府管理物联网形成的信息运行闭环有两种形式：政府服务平台（政府服务云平台）控制的政府管理物联网信息运行闭环 a、人民（市民）用户平台控制的政府管理物联网信息运行闭环 b。此类政府管理物联网中信息的运行方式是根据实际应用场景的需要和信息的具体内容确定的。

信息运行闭环 a（见图 3 - 38）：需政府管理云平台和政府服务云平台进行云计算处理的感知信息，在经过政府服务云平台的云计算后传输给政府服务平台。政府服务平台在能力或权限范围内可对感知信息做出最终的判断，生成控制信息，依次经过政府管理平台、政府传感网络平台（政府传感云平台）传输给对象平台，由对象平台执行，并以功能的形式表现出来。

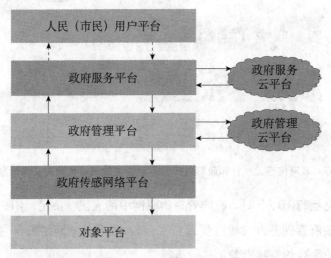

图 3 - 38 政府管理云平台和政府服务云平台参与的政府管理物联网信息运行闭环 a

采用信息运行闭环 a，政府管理物联网中的人民（市民）用户平台未直接参与信息的运行，政府服务平台（政府服务云平台）、政府管理平台（政府管理云平台）、政府传感网络平台以及对象平台则在人民（市民）用户授权的条件下直接参与信息的运行。

信息运行闭环 b（见图 3 - 39）：经云计算处理后的感知信息到达政府服务平

台，政府服务平台在能力或权限范围内无法对感知信息做出最终的判断，无法清晰了解对象的真实状态，也无法向对象发出清晰的控制指令，需将感知信息继续上传给人民（市民）用户平台。

人民（市民）用户根据自身需求对感知信息进行解析，全方位把握对象的真实状态，然后生成控制信息，依次经过政府服务平台（政府服务云平台）、政府管理平台、政府传感网络平台（政府传感云平台）传输给对象平台，由对象平台执行，并以功能的形式表现出来。

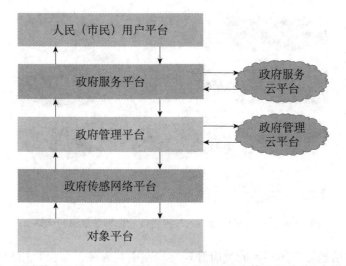

图 3-39 政府管理云平台和政府服务云平台参与的政府管理物联网信息运行闭环 b

采用信息运行闭环 b 时，政府管理物联网中的人民（市民）用户平台、政府服务平台（政府服务云平台）、政府管理平台（政府管理云平台）、政府传感网络平台和对象平台均直接参与信息的运行。

3. 三云平台参与的政府管理物联网

政府管理物联网是由政府在人民（市民）用户授权的条件下建立并运行的物联网，是政府实现智慧城市管理的基础，在智慧城市的物联网结构中具有特殊地位。三云平台参与的政府管理物联网是云平台参与政府管理物联网的重要形式。

根据人民（市民）用户授权的平台不同进行分类，三云平台参与的政府管理物联网形成的信息运行闭环有两种形式：政府服务云平台控制的信息运行闭环 a、人民（市民）用户平台控制的信息运行闭环 b。

信息运行闭环 a（如图 3 - 40 所示）：在拥有人民（市民）用户授权的条件下，政府服务平台有能力也有权力对感知信息做出最终的处置，实现对对象平台的有效控制。政府服务平台根据人民（市民）用户需求以及感知信息的具体内容生成控制信息。该控制信息依次经过政府管理平台、政府传感网络平台传输给对象平台，由对象平台执行，并以功能的形式表现出来。

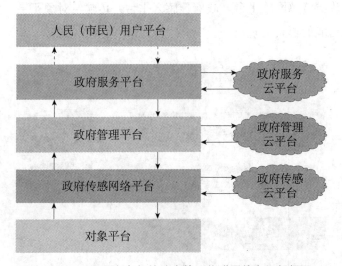

图 3 - 40　三云平台参与的政府管理物联网信息运行闭环 a

在采用信息运行闭环 a 的政府管理物联网中，人民（市民）用户平台未直接参与信息的运行，政府服务平台（政府服务云平台）、政府管理平台（政府管理云平台）、政府传感网络平台（政府传感云平台）以及对象平台则在人民（市民）用户授权的条件下直接参与信息的运行。

信息运行闭环 b（如图 3 - 41 所示）：经政府传感云平台、政府管理云平台、政府服务云平台进行计算处理后的感知信息到达政府服务平台，政府服务平台对感知信息的处理过程是对感知信息重新认识的过程——当政府服务平台发现自己无法依据感知信息对对象平台行使正确控制时，会将感知信息上传给人民（市民）用户平台。

人民（市民）用户平台根据自身需求以及感知信息的具体内容对对象平台的真实状态做出判断，并生成正确的控制指令信息。控制信息经政府服务平台（政府服务云平台）、政府管理平台（政府管理云平台）、政府传感网络平台（政府传感云平台）传输给对象平台，由对象平台执行，并以功能的形式表现出来。

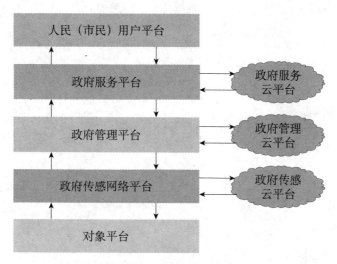

图 3 - 41 三云平台参与的政府管理物联网信息运行闭环 b

采用信息运行闭环 b 时，政府管理物联网中的人民（市民）用户平台、政府服务平台（政府服务云平台）、政府管理平台（政府管理云平台）、政府传感网络平台和对象平台均直接参与信息的运行。

第四章
智慧城市社会活动物联网体系

智慧城市就是用智慧的方法和服务，让市民实现自身对文化需求和物质需求的追求。智慧城市的社会活动物联网在政府管理物联网提供的统一智慧城市管理服务以外，以社会公共服务的形式，参与智慧城市物联网体系的组成，用物联网为用户提供更完善的智慧服务。社会活动物联网同样具有总体结构、业务结构，其功能通过信息运行体现出来。本章将对这些内容一一进行阐述，并重点阐述以自然人和组织为用户的社会活动物联网。

一、社会活动物联网结构

　　自然人（群众）和组织是智慧城市的重要参与者，也是进行智慧城市建设的中坚力量。在智慧城市中，自然人（群众）和组织作为政府管理物联网的对象，是最终为人民（市民）用户提供所需服务的主体，而其自身也有参与社会、享受美好生活等的需求，满足其需求的过程就是社会活动。

　　具体而言，自然人（群众）和组织的需求包括两类：文化需求和物质需求，因此以自然人（群众）和组织为用户的社会活动物联网分为文化需求物联网和物质需求物联网。社会活动物联网结构如图4-1所示。

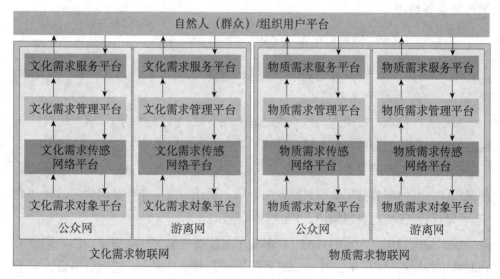

图4-1　社会活动物联网结构

　　根据用户的类型，社会活动物联网可以划分为以自然人（群众）为用户的社会活动物联网和以组织为用户的社会活动物联网。同时，二者又可按照需求类型分为文化需求物联网和物质需求物联网。根据自然人（群众）和组织的需求特征及其满足方式，文化需求物联网和物质需求物联网又可细分为公众网和游离网。

二、社会活动物联网的业务结构

与政府管理物联网类似，社会活动物联网亦包含众多业务，这一物联网由自然人（群众）/组织用户平台、区块链服务平台、社会活动管理平台、社会活动传感网络平台、社会活动对象平台组成，其业务结构如图4-2所示。

在用户平台的主导和授权下，社会活动管理平台通过收集其他各平台的信息资源，并对各平台的信息进行统筹、组织和安排，综合管理信息的运行，让对象平台借助用户平台提供的社会活动资源，发挥自身的职能和优势，最终满足用户智慧生产生活等各方面的需求。用户平台发起的社会活动在内容、形式、状态等方面存在差异，所需的信息资源数据也庞杂多样。因此，社会活动物联网内相应的用户平台、服务平台、管理平台、传感网络平台、对象平台内部必须均存在不同的结构，方能具备满足用户平台复杂需求的能力。下面介绍各个平台的业务结构。

（一）自然人（群众）/组织用户平台

按照组织性的强弱，全体居民可以分为无组织的自然人（群众）和组织两类。

自然人（群众）是指人民大众或居民的大多数，是拥有相同需求而组合在一起的自然人个体或群体，组合形式随机，组织性不强，需求多样。

组织是指拥有特定需求的人们为实现一定的目标，互相协作，进而组成的集体或团体，其内部具有明确的目标导向、精心设计的结构和有意识协调的活动系统，即组织内部的物联网结构，如图4-3所示。

组织是人们按照一定的目的、任务和形式编制起来的社会团体，拥有完整的物联网运行体系结构。在组织内部的物联网中，其用户平台、管理分平台、对象分平台在服务分平台和传感网络分平台的联结下，按照相应的内部秩序运行，形成社会活动物联网中组织用户平台内部的物联网。

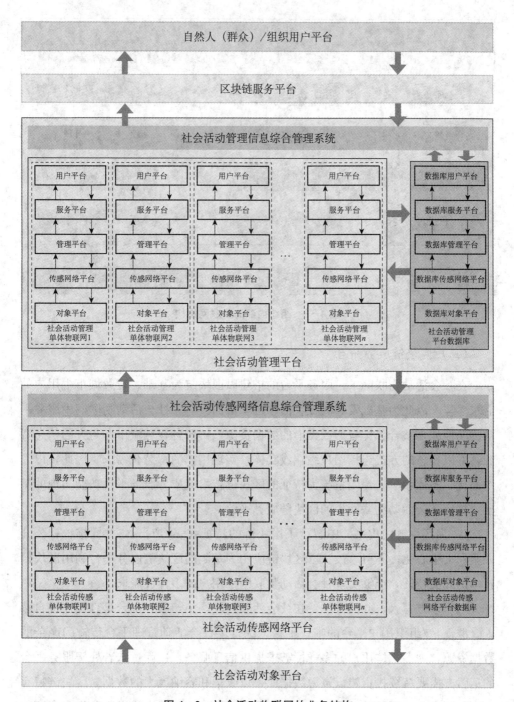

图4-2　社会活动物联网的业务结构

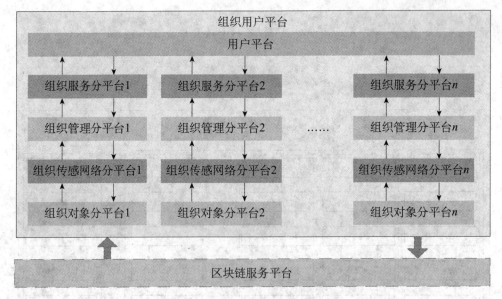

图 4-3 　组织内部的物联网结构

（二）区块链服务平台

在社会活动物联网中，服务平台的搭建以区块链为基础。智慧城市中用户的需求多样，以此为基础发起的社会活动也丰富而具体。社会活动物联网中服务平台的功能就是整合各样有形或无形的数据资源，协调各智慧城市参与方的信息资源，并以智慧的方式连接用户终端或实体，实现用户的智慧化需求。因此，以去中心化、不依赖单一封闭系统为特征的区块链技术就成为服务平台功能实现的基础，构成社会活动物联网中的区块链服务平台。

《华为区块链白皮书》中解读了区块链的特征：多方写入，共同维护；公开账本；去中心化；不可篡改。以区块链应用为基础的区块链服务平台利用区块链技术的此类特征，能够实现社会活动物联网中用户的多样性需求。

（1）多方写入，共同维护。在社会活动物联网中，服务平台是直接连接自然人（群众）/组织用户平台的唯一平台，综合了社会活动管理平台传输的庞杂的数据资源，为多主体用户的多样性需求提供信息服务，这就意味着处于服务平台的运营方需要持续投资建设资源数据库，以收集和容纳庞大的数据。区块链特有的多方写入、共同维护的数据存储和读写方式不仅能够减少建设服务平台资源数据库的投入，减轻服务平台的数据处理负担，还能有效利用区块链多方参与的机制，获取互联网中大量的零散数据，为用户平台提供更加细致专业的服务。

（2）公开账本。在社会活动物联网中，服务平台作为用户平台获取信息资源的直接对接平台，需要保障任何用户都能够随时随地访问所需信息。利用区块链公开账本的特征，社会活动物联网中的服务平台能够实现可访问性的公开，用户平台可据此公开访问系统，有针对性地实现自身的各类社会活动。

（3）去中心化。在社会活动物联网中，服务平台需要接收管理平台传输的各类数据信息，数据信息体量大，涉及类型复杂多样，若建立高度中心化的数据处理系统，需额外增加管理机制或技术。利用区块链的去中心化特征可使服务平台能够不依赖单一的信任中心系统，而是将系统内的数据分成若干片段再进行分布式存储，多个网络节点均各自拥有和维护了一套独立且完整的数据副本，实现各节点信息的互不干涉、权限等同。用户平台在访问区块链服务平台并获取不同类型的信息时，可以直接、有效地获得自身最需要的数据资源，而不被其他信息干扰。

（4）不可篡改。在社会活动物联网中，服务平台在为用户平台提供其所需信息、对用户开放访问系统的同时，需要保证信息本身和传输节点的安全性和私密性。区块链基于密码学的散列算法，使用了现代信息安全和加密技术，如哈希算法、数字签名、对称加密、非对称加密、同态加密、零知识证明等。由于各网络节点都有一套完整的数据副本，对任何单一节点或少数集群的数据修改均无法影响全局；要想实现在无授权状态下对数据的篡改，必须同时影响大部分节点，否则区块链系统中的剩余节点将会迅速识别和追溯篡改行为，最终保证物联网中用户平台能够从区块链服务平台获得真实、准确、完整、有效的信息。

（三）社会活动管理平台

社会活动物联网能在社会活动管理平台开展的综合管理工作下更好地运行：社会活动物联网中自然人（群众）或组织用户平台需求的满足主要依靠其所授权的社会活动管理平台来组织特定的服务平台、传感网络平台、对象平台为其提供服务。因此，社会活动管理平台需要管理、收集、储存和处理多方数据信息，整合多类庞杂的数据资源，与其他平台协调信息资源的配置和处理，共同为用户服务。这就要求社会活动管理平台自身拥有一套整合分散数据的数据库和综合管理系统，统筹社会活动管理平台内部多个物联网中信息的汇总和传输，实现对信息存储空间和数据资源的有效利用。

社会活动管理平台的业务结构由多个社会活动管理单体物联网、社会活动管理平台数据库、社会活动管理信息综合管理系统组成，如图 4-4 所示。

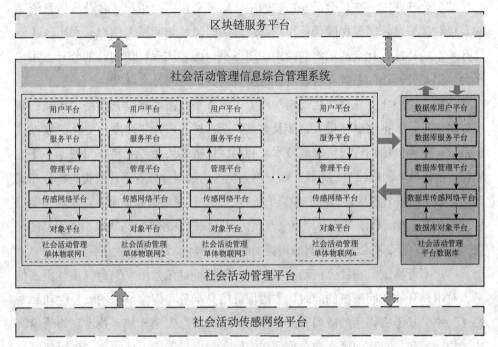

图 4-4 社会活动管理平台的业务结构

下面依次阐述社会活动管理平台内部的构成元素。

1. 社会活动管理单体物联网

在社会活动管理平台的业务结构中，为用户提供每一种具体的社会活动服务信息的分平台都会形成一个单体物联网，共同参与社会活动管理平台的组成，为自然人（群众）或组织用户平台提供服务。如图 4-4 所示，社会活动管理单体物联网 1、社会活动管理单体物联网 2、社会活动管理单体物联网 3……社会活动管理单体物联网 n 即为社会活动管理平台内的各单体物联网，其结构均由用户平台、服务平台、管理平台、传感网络平台、对象平台组成。

2. 社会活动管理平台数据库

各社会活动管理单体物联网中的信息类目繁多、信息量巨大，社会活动管理平台内部建设有独立的信息数据库，以进行各类信息的统一汇总、存储和处理。如图 4-4 所示，社会活动管理平台数据库是社会活动管理平台内的数据处理中心，也是以物联网的形态存在的，由数据库用户平台、数据库服务平台、数据库

76

管理平台、数据库传感网络平台、数据库对象平台组成。

3. 社会活动管理信息综合管理系统

社会活动管理平台不仅需要负责自身物联网内信息的收集、识别、存储和处理，还需要对外传输给区块链服务平台，以实现服务用户的宗旨。在智慧城市中，社会活动管理平台信息传输中的复杂性已远远超出人力处理的范畴，因此设立综合管理系统，以实现社会活动管理信息的对外传输。如图4-4所示，社会活动管理信息综合管理系统即该系统。

（四）社会活动传感网络平台

在社会活动物联网中，社会活动传感网络平台处于社会活动管理平台和社会活动对象平台之间，从对象平台中采集和汇总各类信息，并将采集到的信息进行整合，实现各类信息向社会活动管理平台的传输，在社会活动管理平台的组织下，为自然人（群众）或组织用户平台提供其所需的信息资源，为用户服务。社会活动传感网络平台的业务结构与社会活动管理平台类似，由多个社会活动传感单体物联网（单体业务物联网）、社会活动传感网络平台数据库、社会活动传感网络信息综合管理系统组成，如图4-5所示。

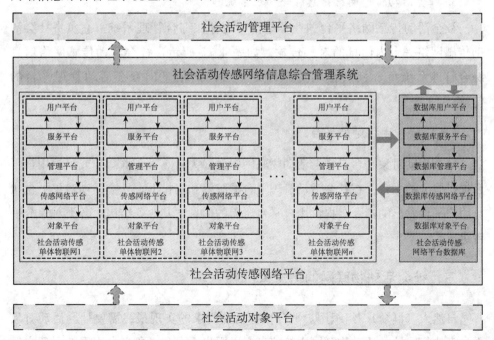

图4-5 社会活动传感网络平台的业务结构

下面依次阐述社会活动传感网络平台内部的构成元素。

1. 社会活动传感单体物联网

社会活动传感网络平台的业务结构与社会活动管理平台类似，社会活动传感网络平台采集到的每一种社会活动信息都会形成一个单体物联网，作为社会活动传感网络分平台，共同参与社会活动传感网络平台的组成。如图 4-5 所示，社会活动传感单体物联网 1、社会活动传感单体物联网 2、社会活动传感单体物联网 3……社会活动传感单体物联网 n 是社会活动传感网络平台内的各单体物联网，其结构也均由用户平台、服务平台、管理平台、传感网络平台、对象平台五个功能平台组成。

2. 社会活动传感网络平台数据库

社会活动传感网络平台中的各单体物联网的信息均需通过整合才能对外传输。因此，社会活动传感网络平台内部建设有独立的信息数据库，来进行各类信息的统一汇总和存储。如图 4-5 所示，社会活动传感网络平台数据库具有物联网结构，也是由数据库用户平台、数据库服务平台、数据库管理平台、数据库传感网络平台、数据库对象平台组成。

3. 社会活动传感网络信息综合管理系统

社会活动传感网络平台的业务结构中也存在综合管理系统，它负责社会活动传感网络平台内信息的对外传输。如图 4-5 所示，社会活动传感网络信息综合管理系统负责社会活动传感网络平台内的信息向社会活动管理平台的传输。

（五）社会活动对象平台

社会活动对象平台是社会活动物联网中最终为自然人（群众）或组织用户平台提供服务的平台。在社会活动管理平台的统筹和安排下，社会活动对象平台执行用户平台发出的指令，提供用户平台所需的信息，其业务结构由各类对象分平台组成。

三、社会活动物联网的信息运行

自然人（群众）/组织用户平台社会活动需求的实现最终需要社会活动对象平台来执行，社会活动物联网中的信息在以用户平台和对象平台为尾的闭环中运行。社会活动物联网整体的功能需要依靠社会活动物联网内社会活动感知信息和社会活动控制信息的闭环运行来实现，其中，由社会活动对象平台发起的信息是社会活动感知信息，由自然人（群众）/组织用户平台发起的信息是社会活动控制信息。

由于社会活动传感网络平台和社会活动管理平台均具有较为全面的业务结构和信息处理系统及数据库，因此以这两个平台来区分信息运行过程：社会活动感知信息分别在社会活动对象平台和社会活动传感网络平台之间、社会活动管理平台之间运行（运行1），再在社会活动管理平台、社区块链服务平台、自然人/组织用户平台之间运行（运行2）；社会活动控制信息的运行过程则相反，分别形成运行3、运行4。

社会活动感知信息的运行1如图4-6所示。首先，社会活动对象平台的信息以感知信息的形式发出，统一由社会活动传感网络平台数据库内部的数据库传感网络平台、数据库管理平台、数据库服务平台及数据库用户平台进行传输和整合；然后，经社会活动传感网络平台数据库处理的信息传输给相应的社会活动传感单体物联网进行处理，此社会活动传感单体物联网分管自身业务所对应的感知信息；最后，经社会活动传感单体物联网处理后的感知信息再传输回社会活动传感网络平台数据库进行存储等处理，将有用的感知信息传输至平台内部的社会活动传感网络信息综合管理系统，并由社会活动传感网络信息综合管理系统将感知信息传输至社会活动管理平台。

之后，社会活动感知信息的运行2如图4-7所示。社会活动感知信息由社会活动管理平台数据库接收和处理，由相应的社会活动管理分平台（各社会活动管理单体物联网）接收，统一传输至社会活动管理平台数据库；再由社会活动管理平台数据库内部的对象平台依次传输至数据库传感网络平台、数据库管理平台、数据库服务平台及数据库用户平台进行信息的收集、储存、处理和传输，并且将筛选后的社会活动感知信息传输至社会活动管理信息综合管理系统，并由社会活动管理信息综合管理系统传输至区块链服务平台；最终，社会活动感知信息由区块链服务分平台提供给自然人（群众）/组织用户平台，由此完成社会活动感知信息的运行过程。

感知信息在自然人（群众）/组织用户平台转换为控制信息。

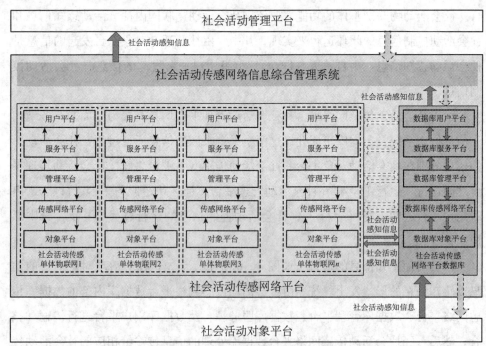

图4-6　社会活动感知信息的运行 1

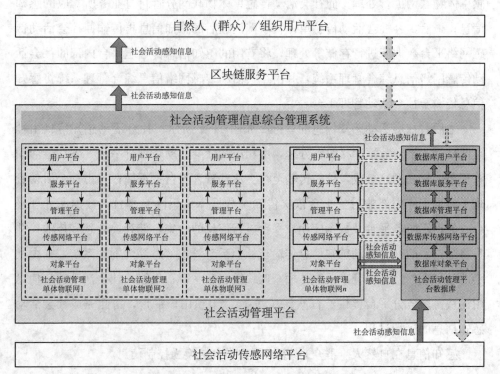

图4-7　社会活动感知信息的运行 2

社会活动控制信息的运行 3 如图 4-8 所示。首先，自然人（群众）/组织用户平台的信息以控制信息的形式发出，经区块链服务平台接收，传输至社会活动管理平台的社会活动管理信息综合管理系统中，再由社会活动管理信息综合管理系统输送至社会活动管理平台数据库中；然后，到达数据库中用户平台的控制信息依次经过数据库服务平台、数据库管理平台、数据库传感网络平台、数据库对象平台进行处理；之后，社会活动控制信息由数据库对象平台传输至各个相应的社会活动管理分平台（各社会活动管理单体物联网），并统一由社会活动传感网络平台接收。

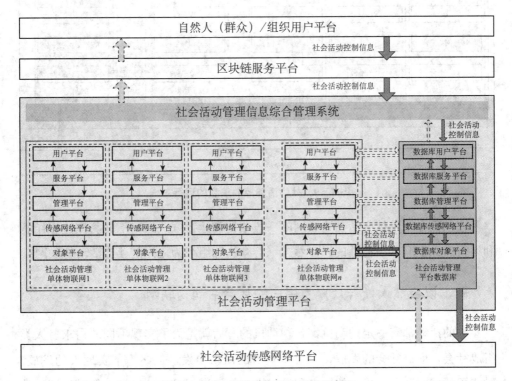

图 4-8　社会活动控制信息的运行 3

接着，社会活动感知信息的运行 4 如图 4-9 所示。社会活动传感网络接收的控制信息首先到达社会活动传感网络信息综合管理系统，再由它输送至社会活动传感网络平台数据库中，依次经过数据库用户平台、数据库服务平台、数据库管理平台、数据库传感网络平台、数据库对象平台的处理；然后，社会活动控制信息传输至各相应社会传感网络管理分平台（各社会活动传感单体物联网）；最终，社会活动控制信息统一传输至社会活动对象平台，社会活动对象平台再根据控制信息的内容，执行用户下发的控制内容。

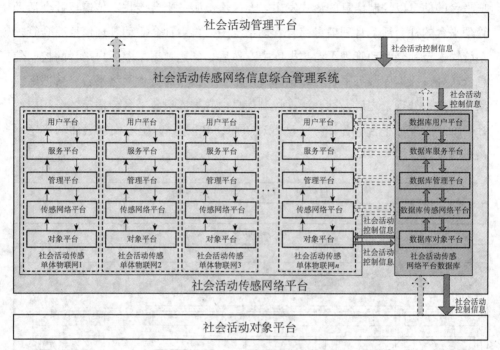

图 4 - 9　社会活动控制信息的运行 4

在前面介绍了社会活动物联网的一般结构和运行方式后，下文将阐述在结构和运行方式上有其独特性的以自然人（群众）和组织为用户的社会活动物联网。

四、以自然人（群众）为用户的社会活动物联网

人的活动都有一定的动机，各种动机的背后就是为了实现不同的需求。人类组成社会，促进社会的发展，正是从自身的需求出发，最终为了实现人的发展。对"智慧城市"这一概念的提出和发展模式的探讨，目的是科学地衡量经济、社会发展的成果，构建文明、和谐的现代化城市架构，从而实现人追求美好生活的需求。

这一章前文中已对"自然人（群众）"有基本阐释，自然人的相同需求具体指向自然人不经过组织和统筹而自发产生的个体需求，不同个体的"相同需求"结合起来，则成为群体的共同需求，以自然人（群众）为用户的社会活动物联网主要为该类需求提供服务。

（一）以自然人（群众）为用户的社会活动物联网结构

在智慧城市物联网体系中，所有物联网的运行以满足用户的具体需求为导向，用户的需求在社会活动物联网中主要表现为文化需求和物质需求，所以，以自然人（群众）为用户的社会活动物联网可进一步分为以满足用户文化类需求为核心的社会活动物联网——文化需求物联网，以满足用户物质类需求为核心的社会活动物联网——物质需求物联网。

在文化需求物联网和物质需求物联网中，为群体用户的共同需求提供服务的社会活动物联网为公众网；为个别或数个市民、某一商业主体或经营性事业单位用户的特定需求提供服务的社会活动物联网为游离网。其结构如图4-10所示。

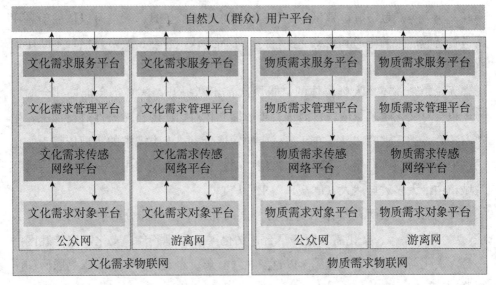

图4-10 以自然人（群众）为用户的社会活动物联网结构

以自然人（群众）为用户的社会活动物联网由文化需求物联网和物质需求物联网构成，内部又分为四个部分，分别为文化需求物联网的公众网、文化需求物联网的游离网、物质需求物联网的公众网和物质需求物联网的游离网。在同一自然人（群众）用户平台的主导下，四种网中不同类型的需求信息通过各自的服务分平台、管理分平台、传感网络分平台、对象分平台运行，共同组成以自然人（群众）为用户的社会活动物联网。

1. 文化需求物联网

自然人（群众）用户平台的文化需求是出于自然人（群众）的精神追求以及人与人之间的社会关系而产生的需求，包括自然人（群众）对非物质产品的需求和自然人（群众）作为社会成员的社会性需求，如艺术、教育、社会地位、个体价值等。

文化是人为创造的、对人们共同的需求及实现这些需求的方法的表现形式。文化是因人类为证明自己存在、进行相互交流、发展社会关系而产生的信息接纳和传播方式，其人为创造性（非自然存在性）具体体现为可传承的信息代码。人类是自然和文化的综合体：人类个体的生命和智慧有限，但是人类整体的生命和智慧是可以不断延续的，人们的需求也随着人类整体的延续而不断发展；人类通过建立自己独有的文化方式来证明自己存在和发展的合理性，从而不断地为人类获取资源，提供先进的科学技术和生产工具；人类可以依靠信息代码进行智慧成果的传递和信息交换，持续不断地认识自然、改造自然，不断接近真理。

无论是个体还是人类群体的需求层次都不断提升，这必然会推进社会的进步，也会对文化越来越依赖，需进一步依靠文化对物质的自然属性进行加工，生产出符合人类需求的产品。在智慧城市的发展阶段，人类需求的实现依赖于文化的进一步发展。以自然人（群众）为用户的社会活动物联网中，文化需求成为智慧城市中绝大多数自然人（群众）需求的核心。

文化需求物联网在整体结构上由公众网和游离网两部分组成，均由自然人（群众）用户平台、文化需求服务平台、文化需求管理平台、文化需求传感网络平台、文化需求对象平台组成。以自然人（群众）为用户的文化需求物联网如图4-11所示。

自然人（群众）用户平台主导整个文化需求物联网，接收文化需求感知信息，发出文化需求用户控制信息。

文化需求服务平台和文化需求传感网络平台分别传输文化需求感知服务信息、控制服务信息和文化需求感知传感信息、文化需求控制传感信息，实现文化需求物联网中自然人（群众）用户平台、文化需求管理平台、文化需求对象平台之间的信息交互。

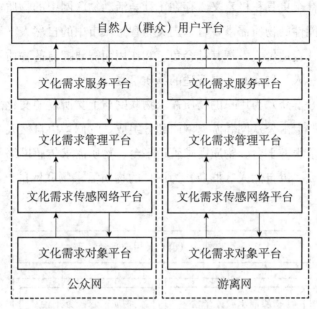

图 4 - 11　以自然人（群众）为用户的文化需求物联网结构

文化需求管理平台对整个文化需求物联网进行综合运营和管理，传递文化需求感知管理信息与控制管理信息。

文化需求对象平台发布感知信息，接收控制信息并执行，实现文化需求物联网的感知与控制功能。

2. 物质需求物联网

物质需求是自然人（群众）用户平台为保持和发展自身物理性状而产生的需求，是对保障自然人（群众）用户平台生存和发展的物质生活和生产资料的需求，是自然人（群众）的基础需求。

供人类生存的生活资料是保障人类基本生活的衣食住行所需的物质，可以通过大自然获取或由人类生产提供。人的物质需求因个体差异、社会制度和时代背景而各有不同。整个社会生产水平提升后，人的物质需求也会相应地有不同程度的上升：在生产力较高的社会中，个人的物质需求一般高于生产力较低的社会；在生产力较低的社会中，个人的物质需求在很大程度上属于生物本能性需求的范畴；而在智慧城市这种生产力较高的社会中，个人的物质需求则更倾向于社会性需求的范畴。

在智慧城市中生存和发展，人的物质需求必然超越了生物本能性的物质需求，对个人与社会更具积极意义。存在于社会活动物联网中的物质需求高于人类基本的生物本能性的物质需求，可以定义为智慧城市中的自然人（群众）用户为维系其所处的社会地位、发挥其社会角色和作用而需要拥有的物质资源，是用智慧的方法让自然人（群众）获得舒适的物质享受。

以自然人（群众）为用户的物质需求物联网与上文所述的文化需求物联网类似，在整体结构上由公众网和游离网两部分组成，它们均由自然人（群众）用户平台、物质需求服务平台、物质需求管理平台、物质需求传感网络平台、物质需求对象平台组成。以自然人（群众）为用户的物质需求物联网的结构如图4-12所示。

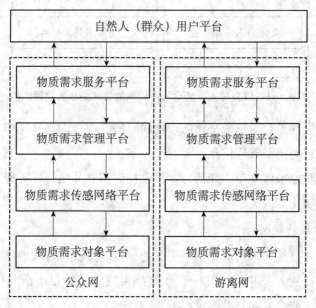

图4-12　以自然人（群众）为用户的物质需求物联网结构

以自然人（群众）为用户的物质需求物联网的结构与文化需求物联网一致，此处不再赘述。

（二）以自然人（群众）为用户的社会活动物联网的运行体系

以自然人（群众）为用户的社会活动物联网是在政府管理物联网以外，立足于自然人（群众）中个体的现实需求，以各种社会活动形式参与组成智慧城市物联网体系，推动城市和社会建设，用物联网为自然人（群众）提供更完善的智慧服务模式，更好地满足自然人（群众）所需。

以自然人（群众）为用户的社会活动物联网的功能需要通过信息的运行来实现。该社会活动物联网中的信息运行过程较为复杂，以自然人（群众）为用户的社会活动物联网为多级运行体系，根据物联网层级的不同，分为一级网、二级网、三级网……n级网；每一级物联网又基于自然人（群众）用户的需求性质，分为两种类型：物质需求物联网中的公众网和游离网、文化需求物联网中的公众网和游离网。智慧城市中各级物联网本质结构相同，均有物质需求和文化需求之分、公众网和游离网之分；并且逐级包含，各类物联网相互穿插，形成复杂而又具有规律的以自然人（群众）为用户的社会活动物联网多级运行体系。下文直接定位到一级网中的公众网和游离网，二级网则在已分类的两类网中继续延伸，不再分开描述，其他各级网亦然。

1. 以自然人（群众）为用户的社会活动物联网一级网

在以自然人（群众）为用户的社会活动物联网中，一级网是直接为自然人（群众）提供所需服务的主体物联网，其他各级物联网均在其基础上建立和延伸。

在以自然人（群众）为用户的社会活动物联网一级网中，为群体用户的共同需求提供服务的社会活动物联网为公众网，为个体市民或某一社会组织用户平台的个性化需求提供服务的物联网为游离网。一级网按内在性质分为物质需求物联网和文化需求物联网，它们中的每一类物联网均由公众网和游离网构成。

（1）公众网

以自然人（群众）为用户的社会活动物联网一级网中的公众网是将以自然人（群众）为用户的复合物联网作为主网的混合物联网，由多个单体物联网、复合物联网和混合物联网组成。

公众网为满足自然人（群众）用户的共同需求而提供社会公共服务，每种公共需求的提出和实现都形成一个以自然人（群众）为用户的单体物联网，如公众共同需要的智慧物流、智慧停车、智慧共用服务、智慧安防等。每个单体物联网都由自然人（群众）用户平台、社会活动服务平台、社会活动管理平台、社会活动传感网络平台和社会活动对象平台组成，信息在五个功能平台间运行，形成完整的信息运行闭环。各单体物联网以自然人（群众）用户平台为共同用户平台，构成复合物联网，该复合物联网即公众网的主网和基础，如图4-13所示。

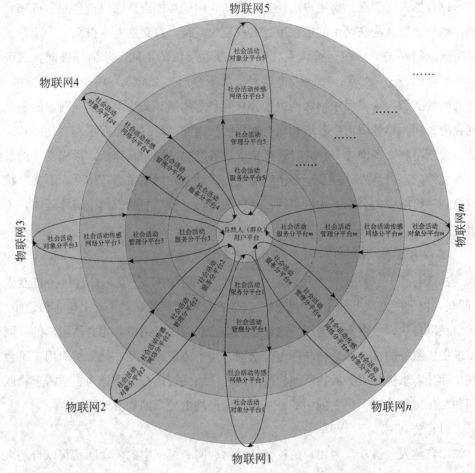

图4-13 以自然人（群众）为用户的社会活动物联网一级网：公众网（主网）

公众网的主网是以自然人（群众）用户平台为基础的复合物联网，自然人（群众）用户平台整体发出群体公共需求指令，并由各单体物联网执行，即一个用户平台整体同时享受多个单体物联网的服务。

在公众网中，自然人（群众）用户平台是由自然人群体承载用户域信息而形成的共同功能平台，而社会活动服务平台、社会活动管理平台、社会活动传感网络平台和社会活动对象平台四个功能平台则均由多个社会活动服务群体或运营者支撑形成，每个功能平台均由多个功能分平台组成，形成多个单体物联网，共同为自然人（群众）用户平台提供服务。如图4-13所示，物联网1、物联网2、物联网3……物联网n即公众网主网中的各单体物联网。

在以自然人（群众）为用户的社会活动物联网一级网中的公众网中，各单体物联网以智慧城市中各个自然人（群众）用户的共同需求为主导，为用户提供多种共性服务，使自然人（群众）用户需求的实现方式由以被动接受型为主转向以主动参与型为主，为自然人（群众）的社会公共需求和需求满足两者之间进行有效对接。

（2）游离网

在智慧城市物联网体系中，直接为某一个体自然人（群众）用户平台的个性化需求提供服务的物联网是以自然人（群众）为用户的社会活动物联网中的游离网。该类游离网是根据个体自然人（群众）用户定制化、个性化的需求而组建的，如个体差异性强的智慧家居、智慧影院、智慧旅游、智慧健身、智慧家政等。

游离网的运行以实现用户的个性化需求为主导，每一个用户的个性化需求都会主导形成一个单体物联网，它们均由用户平台、服务平台、管理平台、传感网络平台和对象平台组成。每个单体物联网中的任何一个功能平台上的物理实体均可参与其他单体物联网的组建，在其他单体物联网上承担不同或相同的平台角色，形成包含多个物联网的以自然人（群众）为用户的社会活动物联网中的游离网，其结构如图 4-14 所示。

在以自然人（群众）为用户的社会活动物联网一级网的游离网中，各单体物联网相互穿插，各单体物联网中的用户平台、服务平台、管理平台、传感网络平台和对象平台中的物理实体可同时在其他单体物联网中支撑形成不同的功能平台，实现不同单体物联网之间的相互穿插，从而形成游离网整体。如图 4-15 所示：个体市民 A 因自身对使用智能家居设施的个性化需求而成为用户平台，主导组建专门为其服务的智慧家居物联网运行体系；个体市民 A 通过电子商务平台 B 联系到某智能家居业务运营商 C，运营商 C 获取到市民 A 的需求，建立符合其需求的智能家居管理系统，通过电信运营商 D 的网络数据汇集和筛选出智能家居供应商 E，并将符合 A 需求的智能家居产品提供给 A，这样就形成了一个完整的智慧家居单体物联网，实现了个体市民 A 的个性化需求，该单体物联网即以自然人（群众）为用户的社会活动物联网中游离网的一个组成部分；同时，当智能家居业务运营商 C 中的某一个体需要定制符合其发展需求的智慧旅游时，它会成为用户平台，主导组建专门为其服务的智慧旅游物联网运行体系；也有可能兼职成为健身教练，成为智慧健身物联网中的对象平台，为别人提供服务，等等。

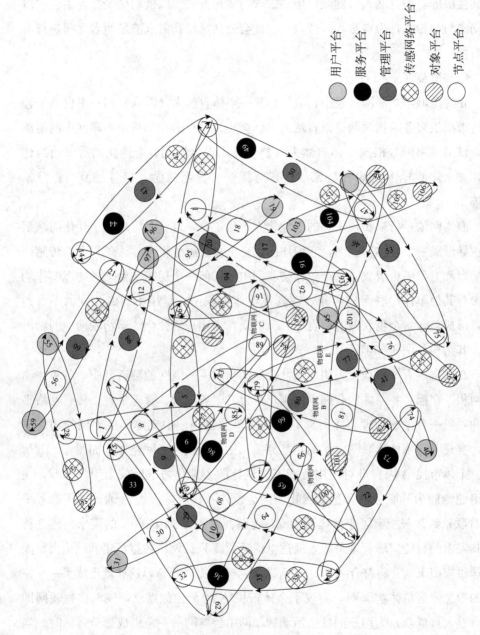

图 4-14　以自然人（群众）为用户的社会活动物联网中的游离网

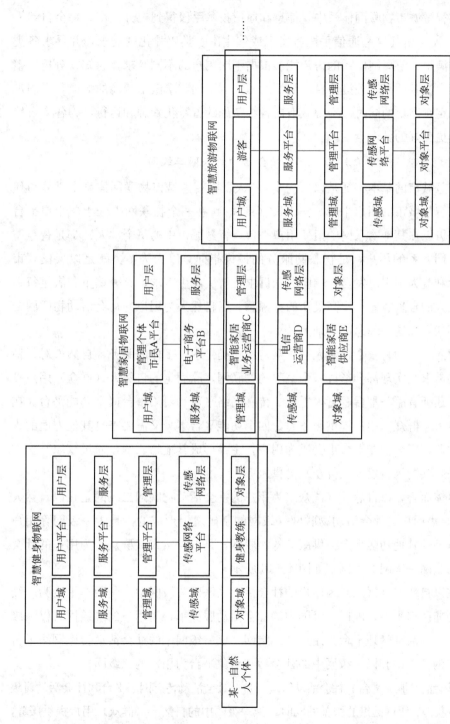

图 4－15　以自然人（群众）为用户的社会活动物联网中的游离网示例

在智慧城市物联网体系中，信息和通信技术手段得到充分运用，每个自然人（群众）都会依托这些通信手段，发现或催生出各类碎片化的需求，并寻求各类需求的满足。游离网体系的搭建能够根据不同用户的不同需求，感知、分析、整合各用户的各项需求关键信息，从而对用户的不同需求做出智能的响应，在满足用户各定制需求的同时，实现城市内各细节处的智慧化管理和运行，为各个自然人创造更美好的城市生活。

2. 以自然人（群众）为用户的社会活动物联网二级网

智慧城市的基本特征是以人为本，"人"在智慧城市物联网体系中具体指代的就是智慧城市的用户平台——人民（市民），在一个物联网中处于非用户平台的一方可以在其他物联网中担任用户平台。智慧城市中的每个"人"都是智慧城市物联网体系的用户，是物联网服务的最终指向。以人为本，就是以人民（市民）的利益为根本出发点，响应群众诉求，解决民生需求，充分尊重和满足每一个自然人的合理意愿，提高民众的幸福感。以自然人为用户的社会活动物联网二级网即建立在这一理念的基础上。

智慧城市为每一个自然人（群众）用户提供多种多样的服务，自然人对每种服务的需求和实现都会形成一个完整的物联网，除固定的自然人（群众）用户平台外，还拥有服务平台、管理平台、传感网络平台和对象平台四个功能平台。在为自然人（群众）用户提供服务时，四个功能平台本身又需要来自其他方面的支持，由此，四个功能平台也会成为用户，主导形成其他物联网，通过获取其他方的服务，共同为自然人（群众）提供服务。

具体而言，以自然人（群众）为用户的社会活动物联网二级网是在以自然人（群众）为用户的社会活动物联网一级网的基础之上形成的，是为一级网除用户平台以外的其他功能平台提供服务的物联网，是以自然人（群众）为用户的社会活动物联网一级网的支网，如图 4-16 所示。

在以自然人（群众）为用户的社会活动物联网二级网中，其用户平台为一级网中的非用户平台，即以一级网中的社会活动服务平台为用户的二级网、以一级网中的社会活动管理平台为用户的二级网、以一级网中的社会活动传感网络平台为用户的二级网和以一级网中的社会活动对象平台为用户的二级网。

社会活动服务平台、社会活动管理平台、社会活动传感网络平台和社会活动对象平台在获得二级网提供的服务的同时，为一级网中的自然人（群众）用户提供服务，能够保证自然人（群众）用户享受到完善优质的服务，满足其建网的主导性需求。

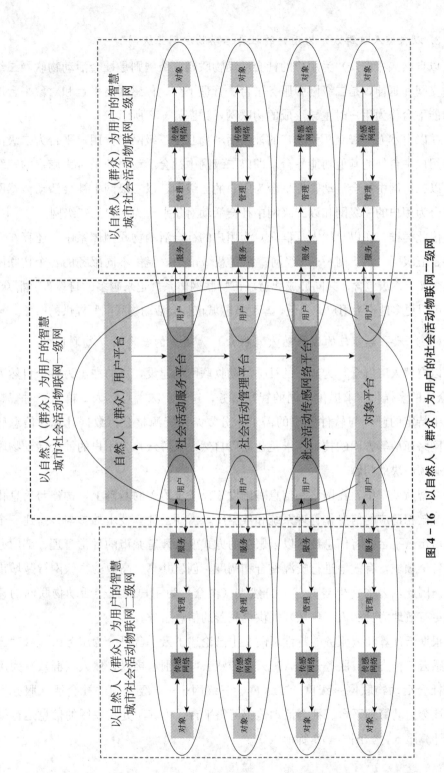

图 4 - 16　以自然人（群众）为用户的社会活动物联网二级网

3. 以自然人（群众）为用户的社会活动物联网三级网

以自然人（群众）为用户的社会活动物联网三级网则是社会活动物联网二级网的支网和延伸，是二级网中服务平台、管理平台、传感网络平台和对象平台四个功能平台作为用户时主导形成的物联网，如图 4-17 所示。

在以自然人（群众）为用户的社会活动物联网三级网中，用户平台为二级网中除用户平台外的其他功能平台，即以二级网中社会活动服务平台为用户的三级网、以二级网中社会活动管理平台为用户的三级网、以二级网中社会活动传感网络平台为用户的三级网和以二级网中社会活动对象平台为用户的三级网。

依此类推，在以自然人（群众）为用户的社会活动物联网体系中，还存在四级网、五级网、六级网……n 级网。在智慧城市中，提供不同服务的各个物联网相互交叉、逐级包含，共同形成智慧城市物联网体系。越来越多的自然人（群众）个体可以更多地作为用户的角色，享受智慧城市社会活动物联网所提供的服务。

（三）云平台参与的以自然人（群众）为用户的社会活动物联网

以自然人（群众）为用户的社会活动物联网的建设，目的在于为各个自然人（群众）的多样化需求提供不同的智慧服务，这就意味着自然人（群众）对智慧城市中特定的硬件与软件资源的需求十分复杂。资源整合、数据计算、信息感知、网络通信等方面的技术需求是建立以自然人（群众）为用户的社会活动物联网所必须解决的问题。

在智慧城市中，在网络和信息基础设施设备全覆盖的基础上，构建与信息化硬件基础相适应的信息化管理系统和数据库，需要云计算技术的参与，搭建一个智慧城市云平台，将信息技术以云服务的方式融入智慧城市的日常管理、部门办公等各个领域，有效地进行资源整合和调度，创建共享、高效的物联网智慧城市体系。因此，云平台也需参与以自然人（群众）为用户的社会活动物联网的建设，更有效地为自然人（群众）提供更完善的信息服务。

根据云计算和云服务的特性，前文中已论述了云平台可分为服务云、管理云和传感云三种类型。服务云、管理云、传感云可分别承接以自然人（群众）为用户的社会活动物联网一级网、二级网、三级网……n 级网中的社会活动服务平台、社会活动管理平台、社会活动传感网络平台，为其所处物联网的信息运行提供云计算服务，如图 4-18 所示。

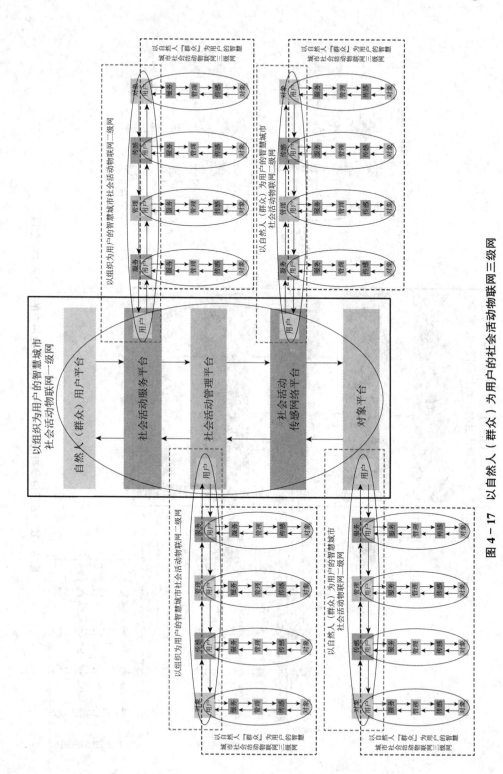

图 4-17 以自然人（群众）为用户的社会活动物联网三级网

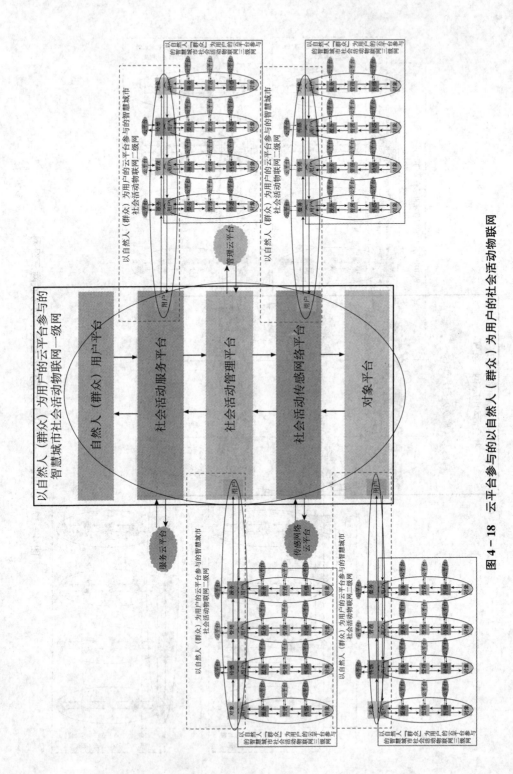

图 4－18 云平台参与的以自然人（群众）为用户的社会活动物联网

智慧城市物联网体系中的各个单体物联网、复合物联网和混合物联网都是相互依存的，云平台参与以自然人（群众）为用户的社会活动物联网的建设，能够利用云计算服务，使信息资源通过网络形成一个巨大的资源库，实现参与智慧城市物联网体系的各个建设者资源的整合和信息共享。云平台可根据自然人（群众）用户的具体需求，通过各自物联网内的连接平台，为用户提供和释放资源。每个自然人（群众）用户也可通过云数据库，享受物联网提供的各种云服务。

五、以组织为用户的社会活动物联网

在智慧城市中，市民社会生活越来越多样性，生活质量等得到全面提升，物质财富得到极大丰富，文化追求也将更加注重品质，市民群体进行信息交流的空间也将不断扩大。智慧城市物联网组建和运行的最终目的是为了使人民享受智慧化的服务和产品，能否以人民的需求为目标去发展智慧城市，直接关系到社会的发展进程和前景。

"组织"指的是除政府外的其他社会组织、经济组织等，是由拥有特定需求的人们为实现一定的目标，互相协作结合而成的集体或团体，具有明确的目标导向、精心设计的结构和有意识协调的活动系统，能够自主决策和自主活动，组织内成员需求一致。在提供公共服务和产品的领域，组织历来是政府重视的有生力量，是整合社会资源和发动社会力量的重要参与者，其自身的需求在参与社会公共建设和发挥民众的主体性作用方面有重要意义。因此，组织的需求在社会活动物联网的形成中，成为一个很重要的推动力量。

组织的需求主导了以其为用户平台的社会活动物联网的形成，该物联网的运行可以满足组织用户的需求，支持组织内部成员进行社会活动，从而构建完善的智慧城市物联网体系，满足社会的多方需求。

（一）以组织为用户的社会活动物联网结构

在以组织为用户的社会活动物联网中，用户的需求主要表现为文化需求和物质需求，则以组织为用户的社会活动物联网也可进一步分为文化需求物联网和物质需求物联网。在文化需求物联网和物质需求物联网中，为各组织用户的共同需求提供服务的社会活动物联网为公众网，为个体组织用户的特定需求提供服务的社会活动物联网为游离网，其结构如图4－19所示。

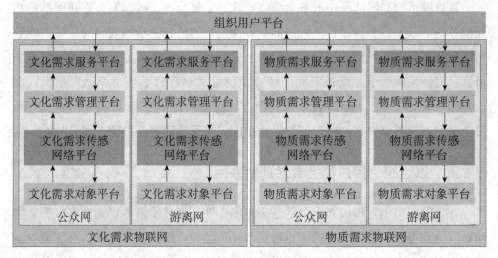

图 4-19　以组织为用户的社会活动物联网的结构

　　以组织为用户的社会活动物联网由文化需求物联网和物质需求物联网构成，内部又分为四个部分，分别为文化需求物联网的公众网、文化需求物联网的游离网、物质需求物联网的公众网和物质需求物联网的游离网。四种网均在该社会活动物联网内部运行，在同一组织用户平台的主导下，不同类型的需求信息通过各自的服务分平台、管理分平台、传感网络分平台、对象分平台运行，共同组成以组织为用户的社会活动物联网。

　　1. 文化需求物联网

　　组织的文化需求与前文所述自然人（群众）的需求的不同之处在于，组织的需求是以整体为表现形式的，代表着组织成员的群体意志和精神内核。组织的成立是社会发展和制度完善过程中结构分化的产物，是社会生活的一种统筹形式和资源配置方式。组织的产生和发展源于社会公共事业的发展，组织成员出于共同的信念和需求，合作形成组织，确定共同目标，实现共同需求。因此，组织建立的基础就是成员相互间的文化认同，其文化需求即其发起以组织为用户的社会活动物联网时的主要需求，并在该社会活动物联网内部形成文化需求物联网。

　　组织的文化需求是参与组织的人民（市民）共同的文化需求的集合体，通过组织来表现，也通过组织从文化需求物联网中获得的文化产品和服务来得到满足。

　　文化需求物联网的运行不仅仅意味着对组织文化需求的满足，更体现了对人民（市民）作为智慧城市中的组织成员时的公民权利的一种实现。智慧城市的建立和发展将会使人民逐渐产生更多、更广的公共文化意识，且对文化需求的急迫程度将会远高于物质需求。以文化需求为主导，建立文化需求物联网，该物联网将会为组织用户平台提供各类文化服务，包括文化产品、文化活动、价值体系等。此外，文化需求物联网为组织用户平台提供的文化服务具有社会性、群体性和共享性，可以更好地使组织用户平台在公共文化服务中获得满足感和幸福感。

以组织为用户的文化需求物联网和前文所述的以自然人（群众）为用户的文化需求物联网类似，也是由文化需求物联网的公众网和游离网两部分组成，它们均由组织用户平台及文化需求服务平台、文化需求管理平台、文化需求传感网络平台、文化需求对象平台组成。以组织为用户的文化需求物联网的结构如图 4-20 所示。

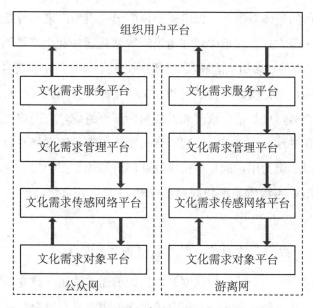

图 4-20 以组织为用户的文化需求物联网的结构

组织用户平台对整个文化需求物联网进行主导，接收文化需求感知信息，发出文化需求用户控制信息。

文化需求服务平台和文化需求传感网络平台分别传输文化需求感知服务信息、文化需求控制服务信息、文化需求感知传感信息、文化需求控制传感信息，实现文化需求物联网中组织用户平台、文化需求管理平台、文化需求对象平台之间的信息交互。

文化需求管理平台对整个文化需求物联网进行综合运营和管理，传递文化需求感知管理信息与控制管理信息。

文化需求对象平台发布感知信息，接收控制信息并执行，实现文化需求物联网的感知与控制功能。

2. 物质需求物联网

智慧城市的建设和发展是在物质财富得到积累的前提下进行的，必须具备一定的基础条件。组织的建立是出于成员间共同的精神信念和文化需求，但其物质需求也是组织建立和发展不可缺少的条件。组织的物质需求能够保证组织运行，是组织价值得以实现的基础。

组织的物质需求不同于自然人（群众）的物质需求，组织的物质需求更多地体现在实现成员的集体需求上，以组织整体的形式表现出来。智慧城市对组织用户物质需求的满足方式更多地体现在为组织智慧化运作和生产提供一些基础设施和技术设备，从而使更多组织能够参与智慧城市物联网，从中实现自身的发展。

以组织为用户的物质需求物联网和前文所述的以自然人（群众）为用户的物质需求物联网类似，也是由公众网和游离网两部分组成，它们均由组织用户平台及物质需求服务平台、物质需求管理平台、物质需求传感网络平台、物质需求对象平台组成。以组织为用户的物质需求物联网的结构如图4-21所示。

以组织为用户的物质需求物联网的结构与文化需求物联网一致，此处不再赘述。

（二）以组织为用户的社会活动物联网的运行体系

以组织为用户的社会活动物联网是以组织的需求为主导建立的物联网。组织以团体形式参与社会公共事业，对民众碎片化的需求进行整合，能够更好地构建和完善智慧城市物联网体系，推动智慧城市各项事业的发展。

以组织为用户的社会活动物联网的功能是通过信息的运行来实现的，其运行体系与前文所述的以自然人（群众）为用户的社会活动物联网的运行体系类似。以组织为用户的社会活动物联网为多级运行体系，根据物联网层级的不同，分为一级网、二级网、三级网……n级网；每一级物联网又基于组织用户需求的性质

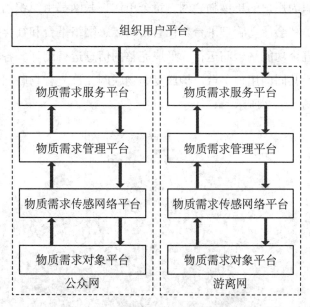

图 4-21　以组织为用户的物质需求物联网的结构

分为两种类型：物质需求物联网中的公众网和游离网、文化需求物联网中的公众网和游离网。智慧城市中各级物联网的本质结构相同，均有物质需求和文化需求之分、公众网和游离网之分；并且逐级包含，各类物联网相互穿插，形成复杂而又具有规律的以组织为用户的社会活动物联网多级运行体系。下文直接定位到一级网中的公众网和游离网，二级网则在已分类的两类网中继续延伸，不再分开描述，其他各级网亦然。

1. 以组织为用户的社会活动物联网一级网

以组织为用户的社会活动物联网一级网是直接为组织提供所需服务的主体物联网，其他各级物联网均在其基础上建立和延伸。

在以组织为用户的社会活动物联网一级网中，为各组织用户的共同需求提供服务的社会活动物联网为公众网；为各个组织用户的特定需求提供服务的社会活动物联网为游离网。

（1）公众网

以组织为用户的社会活动物联网一级网中的公众网是以组织为用户的复合物联网为主网的混合物联网，由多个单体物联网、复合物联网和混合物联网组成。

公众网为满足各组织用户的共同需求而提供服务，每种需求的提出和实现都形成一个以组织为用户的单体物联网。每个单体物联网都由组织用户平台、社会活动服务平台、社会活动管理平台、社会活动传感网络平台和社会活动对象平台组成，信息在五个功能平台间运行，形成完整的信息运行闭环。各单体物联网以组织用户平台为共同的用户平台，构成复合物联网。该复合物联网即公众网的主网和基础，如图 4-22 所示。

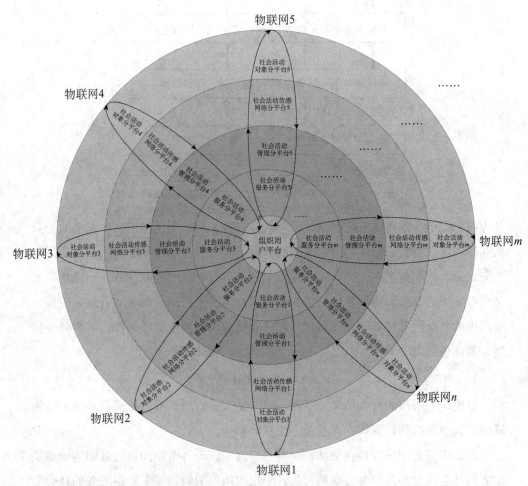

图 4-22　以组织为用户的社会活动物联网一级网：公众网（主网）的结构

以组织为用户的社会活动物联网一级网中的公众网主网是以组织用户平台为基础的复合物联网，组织用户平台整体作为各单体物联网的共同用户，发出需求指令，并由各单体物联网执行。即各拥有共同需求的组织用户平台作为一个整体，同时享受多个单体物联网的服务。

与以自然人（群众）为用户的社会活动物联网一级网中的公众网类似，以组织为用户的社会活动物联网一级网的公众网中的组织用户平台是由拥有共同需求的各组织支撑用户域信息而形成的共同功能平台；而社会活动服务平台、社会活动管理平台、社会活动传感网络平台和社会活动对象平台四个功能平台则均由智慧城市中的多个社会活动服务群体或运营者支撑形成，每个功能平台均由多个功能分平台组成，形成多个单体物联网，共同为组织用户平台提供服务。如图 4 - 22 所示，物联网 1、物联网 2、物联网 3……物联网 n 即为公众网主网中的各单体物联网。

以组织为用户的社会活动物联网一级网中的公众网以智慧城市中各个组织的共同需求为主导，借助各单体物联网服务的多样性，为组织用户平台提供全面而系统的服务，满足各组织的需求。

（2）游离网

在智慧城市物联网体系中，直接为各个组织用户的特定需求提供服务的社会活动物联网是以组织为用户的社会活动物联网中的游离网。该类游离网是根据个体组织用户定制化、个性化的需求而组建的，如单个组织所需的智慧企业、智慧工厂、智慧物流、智慧公益等。

以组织为用户的社会活动物联网中的游离网的结构与前文所述的以自然人（群众）为用户的社会活动物联网中的游离网类似，只是其用户平台为组织，其结构如图 4 - 23 所示。

以组织为用户的社会活动物联网中游离网的运行是以实现组织用户的定制化需求为主导，每一个组织用户的定制化需求均会主导形成一个单体物联网。每个单体物联网上的任何一个功能平台上的物理实体均可参与其他单体物联网的组建，在其他单体物联网上承担不同或相同的平台角色，最终形成包含多个物联网的以组织为用户的社会活动物联网一级网中的游离网。如图 4 - 24 所示，某物流公司 a 因自身对智能物流运输体系的定制化需求成为用户平台，主导组建专门为其服务的智慧物流物联网运行体系；物流公司 a 通过某商务交流会 b 联系到某智慧化物流管理系统运营商 c，运营商 c 获取到物流公司 a 的需求，建立符合其需求的智能物流管理系统，并通过信息网络运营商 d 进行通信联络，接入智慧化物流设备供应商 e，并将符合 a 要求的智慧化物流设备提供给 a，这样就形成了一个完整的智慧物流单体物联网，满足了物流公司 a 的个性化需求——在该物联网中，物流公司 a 以组织的身份提出主导性需求，则该单体物联网即以组织为用户

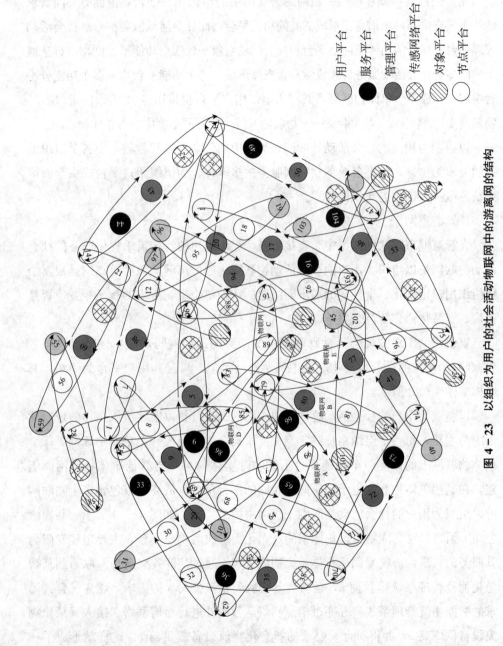

图 4 - 23 以组织为用户的社会活动物联网中的游离网网的结构

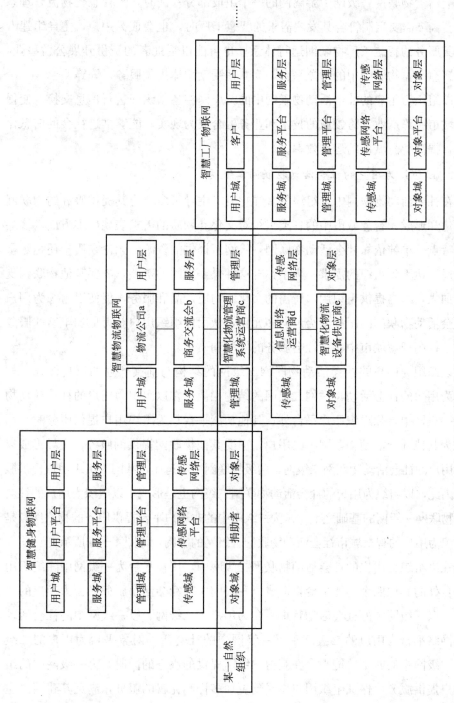

图 4-24 以组织为用户的社会活动物联网中的游离网网示例

的社会活动物联网一级网中游离网的一个组成部分；同时，当智慧化物流管理系统运营商 c 需要定制符合其发展需求的智慧工厂时，也会成为用户，主导组建专门为其服务的智慧工厂物联网运行体系；也可能以捐助者的身份开展公益事业，成为智慧公益物联网中的对象平台，为其他受助团体提供服务，等等。

以组织为用户的社会活动物联网中的游离网在各组织间进行信息交换，使得智慧城市中跨产业、跨领域的技术和业务融合成为现实，能够推进社会的信息化发展，提高智慧城市的运作效率。

2. 以组织为用户的社会活动物联网二级网

在社会活动物联网中，组织的多样化需求主导了多个为其提供服务的物联网的组建和形成。智慧城市中的各类组织对文化和物质的需求表现出多方面、多层次的特点。单纯依靠社会活动物联网一级网所提供的资源，无论在质量还是数量上都远远达不到组织的需求，为了弥补这种供需之间的落差，需要其他物联网支网的加入，参与提供组织用户所需的文化、物质产品和服务，促使以组织为用户的社会活动物联网的服务供给走向多元化，从而使组织用户获得更加丰富的服务内容，提高智慧城市中各种社会服务的效率和质量。

以组织为用户的社会活动物联网二级网的结构与前文所述的以自然人（群众）为用户的社会活动物联网二级网的结构相似。在以组织为用户的社会活动物联网一级网中，除组织用户平台外，其他功能平台在为组织用户提供服务时，均可作为其他社会活动物联网中的用户，享受其他物联网提供的服务，主导形成以其为用户的社会活动物联网二级网，两级物联网协同运作，共同为组织用户提供服务。因此，以组织为用户的社会活动物联网二级网也是形成于以组织为用户的社会活动物联网一级网的基础之上，是为一级网中的非用户平台提供服务的物联网，是以组织为用户的智慧城市社会活动物联网一级网的支网，如图 4－25 所示。

在以组织为用户的社会活动物联网二级网中，用户平台为一级网中除组织用户平台外的其他四个功能平台，形成以一级网中的社会活动服务平台为用户的二级网、以一级网中的社会活动管理平台为用户的二级网、以一级网中的社会活动传感网络平台为用户的二级网和以一级网中的社会活动对象平台为用户的二级网。一级网中的四个功能平台在获得二级网提供的服务的同时，为一级网中的组织用户提供服务，保证组织用户享受到更加多样和完善的服务，满足其建网的主导性需求。

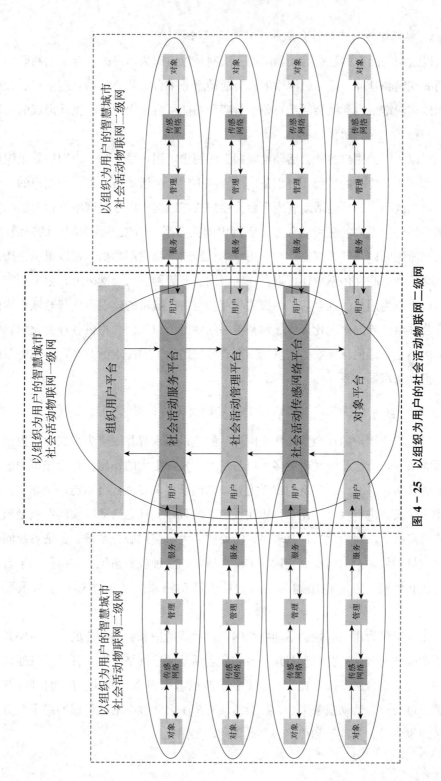

图 4 - 25　以组织为用户的社会活动物联网二级网

3. 以组织为用户的社会活动物联网三级网

以组织为用户的社会活动物联网三级网是以组织为用户的社会活动物联网二级网的支网和延伸，是二级网中的社会活动服务平台、社会活动管理平台、社会活动传感网络平台和社会活动对象平台四个功能平台作为用户时主导形成的物联网，如图 4-26 所示。

在以组织为用户的社会活动物联网三级网中，用户平台为二级网中除组织用户平台外的其他功能平台，分别是以二级网中的社会活动服务平台为用户的三级网、以二级网中的社会活动管理平台为用户的三级网、以二级网中的社会活动传感网络平台为用户的三级网和以二级网中的社会活动对象平台为用户的三级网。与前文所述的以自然人（群众）为用户的社会活动物联网类似，在以组织为用户的社会活动物联网体系中还可以存在四级网、五级网、六级网……n 级网。

以组织为用户的社会活动多级物联网参与智慧城市的建设，使智慧城市中的社会公共服务趋向多元化，能够弥补单一物联网为组织用户提供各种文化和物质服务的不足，促使各项服务信息化，实现各种组织不同需求的共享，形成完整的社会活动物联网体系。

（三）云平台参与的以组织为用户的社会活动物联网

以组织为用户的社会活动物联网体系的建设要求智慧城市为组织用户提供更全面的服务，让组织焕发出更多生机与活力，发挥更大的作用。智慧城市中的组织成员众多，各级、各类组织成千上万，它们承载了多种社会职能，是非公共部门和工作人员进行社会文化和物质建设的有效载体。社会活动物联网在满足组织用户的多样化、智慧化管理需求时，需要建立大量应用服务系统，保证系统间通信的质量和效率。如何统一建设各类组织所需的多种服务系统，并由同一平台进行创建和管理，对于以组织为用户的社会活动物联网的运作有着十分重要的意义。

在以组织为用户的社会活动物联网中，承担通信和管理功能的平台主要是社会活动服务平台、社会活动管理平台和社会活动传感网络平台，各类信息通信系统在这三个平台的基础上建立。云平台参与以组织为用户的社会活动物联网时，就是通过与社会活动服务平台、社会活动管理平台和社会活动传感网络平台分别相接的服务云、管理云和传感云来运作的，如图 4-27 所示。

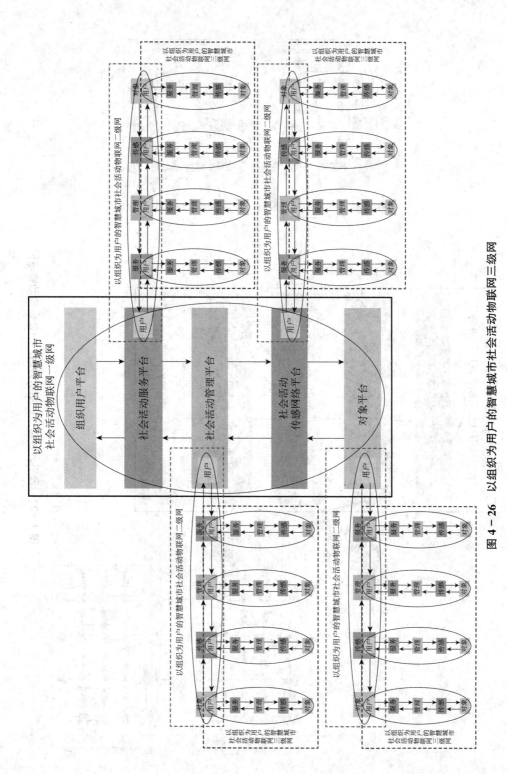

图 4 - 26　以组织为用户的智慧城市社会活动物联网三级网

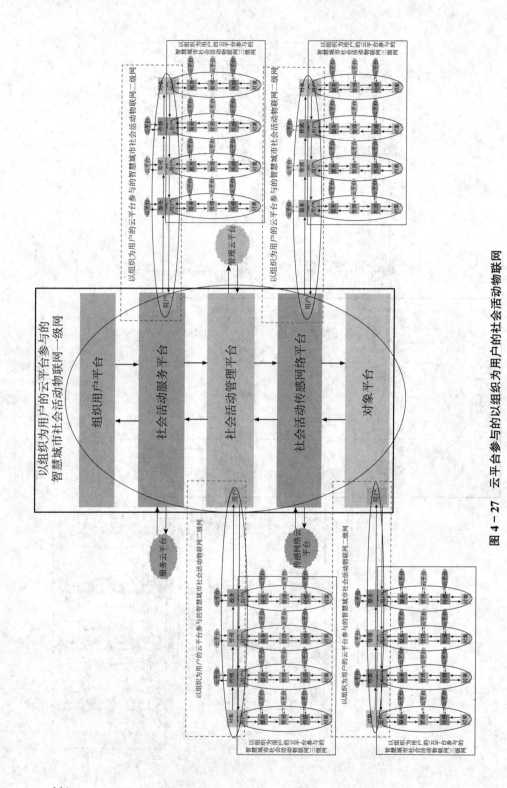

图 4 - 27 云平台参与的以组织为用户的社会活动物联网

在云平台参与的以组织为用户的社会活动物联网中，服务云、管理云、传感云可分别承接以组织为用户的社会活动物联网一级网、二级网、三级网……n 级网中的社会活动服务平台、社会活动管理平台、社会活动传感网络平台，为其所在的物联网的信息运行提供云计算服务。

　　服务云、管理云和传感云利用云计算分析处理技术，参与以组织为用户的社会活动物联网，使得承担通信和管理功能的三个平台建立起统一的信息化平台和数据中心，通过智能感知、处理、控制、融合和执行的方式，将分散的信息整合起来，促使智慧城市建设与信息化发展高度融合，优化各类资源的配置，提升以组织为用户的社会活动物联网的整体运作能力，更好地满足组织用户的需求。组织用户也可以通过云平台的数据资源库，共享和利用有效的信息资源。

第五章
智慧城市监管物联网体系

智慧城市是人类经济、文化和社会关系发展到一定阶段的产物，智慧城市中发生的一切关于生产和生活的活动都与人息息相关。人是智慧城市中最重要的主体，对智慧城市的发展起着主观能动作用，同时智慧城市的发展又以人的生存、发展和幸福为目的。因此，以人为本、为人民服务的理念始终贯穿在整个智慧城市物联网体系的运行中。

　　智慧城市物联网体系的建设是以人为中心的多元化主体协同运行的智慧化体系，包括人民（市民）用户主体和各自然人（群众）、组织等用户主体，也包括各类提供服务通信、智慧管理、传感通信和智能产品等智慧化信息的主体。智慧城市建设的意义就在于实现多主体之间信息资源的有效共享，为人们提供智慧化、信息化的服务。信息的共享需要进行资源的深度开发和综合应用，需要将智慧城市的文化、教育、医疗、公共交通、旅游、娱乐等信息资源进行有效联结、整合，纳入智慧城市物联网体系中，实现多主体的信息协同运行闭环，使各级、各类智慧城市物联网中的信息资源相互联系，优化资源配置，构建系统的、完善的智慧城市信息资源体系。

　　社会活动物联网是在自然人（群众）或组织用户的发起下为其服务的物联网。自然人（群众）或组织用户需求实现的过程是在控制社会活动中信息运行的前提下，与其他社会主体进行资源交换的过程，属于社会性行为。无论是政务、金融、企业、社会还是私人订制服务的资源交换活动，都不可避免地会涉及公共资源的交换问题。公共资源在实现社会公平正义、满足人民群众利益需求方面有重要意义，公共资源的公有性和资源交换的公平性决定了其交换过程需要依托统一的规则进行干预，形成可控的公共资源的交换和使用秩序，实现智慧城市管理者对智慧城市物联网体系更加有效的管理，使智慧城市中的居民能够过上更加便捷、智慧的生活。

一、智慧城市监管物联网

　　在智慧城市物联网体系的建设中，以人民的需要为根本出发点，建立完善的法律法规、标准规范与评价体系及各项配套政策，构建与信息化、智慧化建设相适应的管理体制是十分必要的，可以为智慧城市的建设提供制度保障。

　　政府作为社会活动中为人民提供管理与公共服务的重要主体，通过行政监督、调节等手段来干预社会活动中的违规操作、信息不对称、市场垄断、公共产品缺乏、诚信缺失等现象，以实现资源的公平、合理和高效配置，维护社会公平公正。政府的行政监管权必须在人民的授权下，经过正式的法律赋予才能在智慧城市中行使行政监管职能，维护人民利益。政府的监管权力的运行要受人民监督和法律约束。因此，人民与各类非政府管理的社会活动物联网之间的利益联系和矛盾都需要政府调节；社会活动物联网中各功能平台的行为都需要在政府的监管之下发生。换言之，以自然人（群众）/组织为用户的社会活动物联网作为对象平台接受政府的监督和管理，政府通过对各种社会物联网中的各类社会活动进行监管，维护人民的合法利益，满足人民需求，为人民服务。

下面将依次介绍智慧城市监管物联网的结构和运行方式、云平台参与的监管物联网结构和运行方式。

（一）智慧城市监管物联网的结构

在智慧城市中，信息传输技术的应用渗透在人们生活、工作、学习等各个方面，给人们的社会生活带来了很大的变化。社会活动物联网的建立会使人们越来越习惯依靠信息手段来解决社会生活中的事情，信息资源的采集和使用影响着每一个人的生活。

智慧城市监管物联网（下文简称"监管物联网"）是民主政治、经济、文化发展的自然结果，是人民的选择，是在人民需求的主导下产生的。政府以社会公共利益为依托，对社会活动物联网进行监管，其本身也要受人民的监督。因此，监管物联网是以人民为用户的、以社会活动物联网为对象的复合物联网。政府作为管理平台，对社会活动物联网的各功能平台进行监管，保障智慧城市中各项社会活动的有序开展，实现社会资源的合理、高效利用，为人民用户提供合法、有效的文化和物质服务。

监管物联网由用户平台、服务平台、管理平台、传感网络平台以及所监管的对象平台组成，其结构如图 5-1 所示。

在监管物联网中，对象平台为社会活动物联网整体，包括以自然人（群众）为用户的社会活动物联网和以组织为用户的社会活动物联网。监管物联网的用户平台由全体人民组成，人民授权政府履行行政监管职能，充当管理平台对社会活动物联网进行统筹和管理，维护人民的利益。政府服务平台由各政府服务部门组成，为人民用户平台提供不同的服务。政府监管部门管理平台由各政府具体行政部门组成，针对不同的社会活动，为人民用户提供不同的管理服务。政府传感网

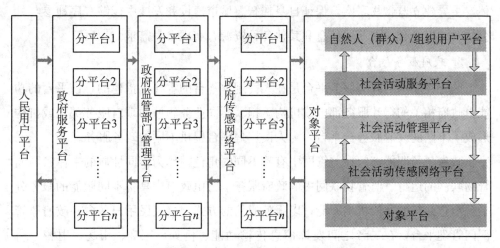

图 5 - 1　智慧城市监管物联网的结构

络平台居于政府管理平台与对象平台之间，由多个传感网络分平台组成，为不同的政府监管部门管理分平台与相应的对象分平台提供多种传感通信方式。

在社会活动物联网中，自然人（群众）或组织用户平台主导整个物联网的运行，从物联网中获取信息资源，并将信息资源运用于与自身相关的物质生产生活或文化活动中，以获得相应的利益，满足自身在其中的主导性需求。监管物联网中的政府监管部门管理平台在人民用户平台的授权下，为人民用户提供管理服务，对社会活动物联网中的资源交换行为进行监管，保障人民用户的利益和需求。

下面对监管物联网的五个平台一一进行介绍。

1. 人民用户平台

民生是智慧城市建设的一个重点，如在公共安全、城市运行、生态农业、智慧医疗、智能文创等直接关系市民基本生活的民生事业、社会事业和产业领域满足人民的需求，是建设智慧城市的重要任务。进入智慧城市阶段，人民群众的物质和文化需求不仅仅是一般的生产生活资料和精神文化需求，必然对各种服务的提供提出了更高、更新的要求。在智慧城市物联网体系的建设中，人民需要政府提供全面而有效的监管服务，弥补自发的社会活动行为中所具有的随意性缺陷，使物质和文化资源分配更合理，从而增进公众的福利。

监管物联网中的人民用户平台从自身利益和需求出发，授权政府监管部门管理平台对社会活动物联网中的信息进行统筹和管理，获取政府监管部门提供的监管服务，保障人民用户平台的权益。人民用户平台是在监管物联网中被服务的主体，主导建立监管物联网，保证自身在智慧城市建设和发展中能够有序地参与社会活动，安全合法地获取信息和其他各种资源，实现自身需求。

2. 政府服务平台

监管物联网的政府服务平台是在人民用户平台的主导下搭建的，该平台的功能由政府相关的行政服务部门或机构承担。不同业务领域的政府服务部门或机构形成了不同的政府服务分平台，为人民用户平台提供不同的政务服务。

政府各类职能部门在监管网中有着不同的角色，作为不同性质的主体参与监管物联网的运行。监管物联网中的政府服务平台由政府中具备不同职能的服务分平台承担纯粹的通信机构职能，以服务通信的方式连接人民用户平台和政府监管部门管理平台，在二者之间发挥信息传输功能。例如，工商、市场、财税、科教、文卫、法务等不同服务职能部门为人民用户平台提供不同信息传输的通信服务，是监管物联网中信息服务的承担者。

3. 政府监管部门管理平台

政府的监管权力是在人民用户的授权下产生的，即权力来自人民的委托，并经由宪法和法律的认可；而且宪法和法律是人民在民主自由的条件下创制的，这样政府才能真正反映人民的真实意志。政府的监管是一种符合人民利益的行政活动，其监管权力以人民的公共利益为出发点，针对关乎社会共同利益的社会活动，通过制定规章制度以及遵守和执行这些规章制度管控个体行为，以达到提供公共服务和社会服务的目的。

监管物联网中的政府监管部门管理平台依据法律规定，在人民用户平台需求的驱动下，对智慧城市中的社会活动进行干预和控制，介入自然人或组织在社会活动物联网中的信息和资源交换行为，限制其不利于保障他人合法权益的行为，从而保障全体人民应有的权益。如税务部门对企业和个体进行税收约束；物价局对各个经营主体进行物价控制，进行价格监测体系和价格信息网络建设等，保障各区域价格总水平的宏观调控和综合平衡；工商部门对恶意竞争、扰乱市场秩序行为进行管控；等等。在监管物联网的政府监管部门管理平台中，处于不同业务领域的管理部门形成不同的管理分平台，开展针对各级、各类社会活动物联网的监管工作。政府监管部门管理平台为人民用户平台提供服务，满足人民的需求。

监管物联网中的政府监管部门管理平台通过政府服务平台，与人民用户平台进行信息传递，能够感知和了解人民用户平台的主导性需求信息，为人民用户平

台提供高效率的监控管理服务。

4. 政府传感网络平台

监管物联网中的政府传感网络平台是政府监管部门对社会活动物联网进行监管时的信息传感平台。人民进行基本的社会活动需要大量产品、服务和信息，总体而言，具有需求大、覆盖广、成本高、复杂程度高等特征。因此，社会活动物联网的良性运行关系到国计民生和信息安全；社会活动物联网中的产品、服务交易以及信息交换活动有着商品性和公益性双重属性。

对社会活动物联网的监管需要渗透进整个社会活动物联网信息运行的各个环节中，从信息的产生、传播、使用到交换行为的发生和完结，这就要求监管物联网中承担管理平台和对象平台之间信息传输职能的传感网络平台必须由相对中立、能代表广大人民利益的政府相关职能部门和机构来担任，从而完整、真实、准确地在两个平台之间传达信息，保证政府监管的合法与有效。

监管物联网中的政府传感网络平台处于政府监管部门管理平台与对象平台之间，由采取不同监督管理传感通信方式的职能部门形成。不同的传感通信方式形成不同的传感网络分平台，实现相应的管理分平台与监管对象分平台之间的传感通信。

5. 对象平台

监管物联网中的对象平台是以自然人（群众）或组织为用户的社会活动物联网，包括社会活动物联网中的自然人（群众）或组织用户平台、社会活动服务平台、社会活动管理平台、社会活动传感网络平台和对象平台。

在智慧城市建设中，自然人（群众）和各组织的自主意识和行动力逐渐增强，社会活动物联网中信息的运行也更加有利于实现个体需求。自然人（群众）和各组织作为社会活动中的行动个体，其需求千差万别，但个体自身的资源和力量又十分有限，只有在与他人进行合作和资源交换时，其需求才能获得更大满足。而每个个体的生存发展和需求的满足都须保持利己和利他之间的基本平衡，才能更好地实现自我和公共价值。因此，个体必须约束自己，接受公共权威机构，也就是政府的合法公权力的约束，实现社会整体利益和人民共同的权益。

政府监管社会活动物联网运行的主要目的在于规范社会活动物联网中各平台在开展社会活动时的秩序，保障人民的权利。社会活动物联网各平台中个体的基本权利也是人民基本权利的一部分，因此，以政府监管部门的行政力量管控监管物联网对象平台中社会活动物联网各主体的行为，使社会活动物联网的运行形成一种可控的秩序性，能够使每一个人都有同等的机会实现个体的基本权利，从而实现监管物联网中人民用户平台共同的需求，从根本上符合每一个人自身合理、合法、正当的利益。

监管物联网中的各个对象分平台由社会活动物联网中各功能平台分别支撑形成。各对象分平台在政府监管部门管理平台的监督管理下，在社会活动物联网中开展自身所在平台的业务，表现各自的功能。

监管物联网对社会活动物联网整体的监管是对社会活动物联网中各平台的构成者及其信息运行实施的监管。

（二）监管物联网的信息运行

在监管物联网的运行中，人民用户平台通过政府服务平台、政府监管部门管理平台和政府传感网络平台，分别与作为监管对象的社会活动物联网中的自然人（群众）或组织用户平台、社会活动服务平台、社会活动管理平台、社会活动传感网络平台和社会活动对象平台进行双向通信，形成相应的信息运行过程。

1. 监管自然人（群众）或组织用户平台的信息运行过程

监管社会活动物联网中自然人（群众）或组织用户平台的信息运行过程是监管物联网中政府监管部门管理平台针对对象平台之一——用户平台的社会活动发起行为开展监督管理工作，进而形成的信息运行过程，包括社会活动发起行为感知信息和控制信息的运行过程，如图5-2所示。

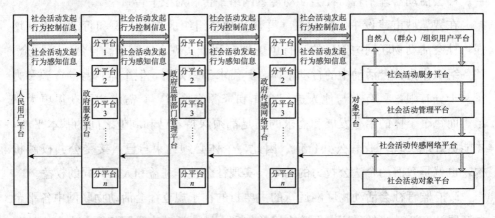

图5-2　监管自然人（群众）或组织用户平台的信息运行过程

在监管社会活动物联网中社会活动发起行为感知信息的运行过程中，该用户平台作为被监管的对象，其社会活动发起行为以感知信息的形式，经相应的政府传感网络分平台传输至政府监管部门管理平台；经由政府具有相关责任的监管部门管理分平台处理后，通过相应的政府服务分平台，向监管物联网的人民用户平台传达社会活动物联网中自然人（群众）或组织用户的社会活动发起行为信息，由此完成社会活动发起行为感知信息的运行过程。

在监管社会活动物联网中社会活动发起行为控制信息的运行过程中，通常政府监管部门管理分平台在人民用户平台的授权下，直接根据获取的人民用户平台的社会活动发起行为控制信息开展相应的控制监管工作；政府监管部门管理分平台继续下发社会活动发起行为控制信息，并通过相应的政府传感网络分平台向自然人（群众）或组织用户平台传达，自然人（群众）或组织用户平台再根据控制信息的内容，执行相应的社会活动。

2. 监管社会活动服务平台的信息运行过程

监管社会活动物联网中服务平台的信息运行过程是政府监管部门管理平台在监管对象平台之一——社会活动物联网中的服务平台的通信服务时，形成的信息运行过程，包括社会活动通信服务感知信息和社会活动通信服务控制信息的运行过程，如图5-3所示。

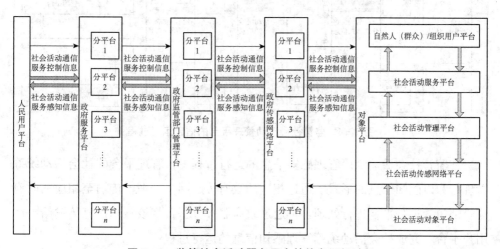

图5-3　监管社会活动服务平台的信息运行过程

在监管社会活动通信服务感知信息的运行过程中，社会活动通信服务感知信息通过相应的政府传感网络分平台传输至相应的政府监管部门管理分平台进行处理,再通过相应的政府服务分平台将该感知信息传输给人民用户平台,完成监管社会活动服务平台的社会活动通信服务感知信息的运行过程。

在监管社会活动通信服务控制信息的运行过程中,相应的政府监管部门管理分平台在人民用户平台的授权下,直接对社会活动服务平台进行控制管理。相应的政府监管部门管理分平台根据获取到的社会活动通信服务控制信息生成运营行为控制信息,再通过相应的政府传感网络分平台传输到社会活动服务平台,由社会活动服务平台执行控制信息。

3. 监管社会活动管理平台的信息运行过程

监管社会活动管理平台的信息运行过程是政府监管部门管理平台在监管对象平台之一——社会活动管理平台的社会活动统筹管理行为时,形成的信息运行的过程,包括社会活动统筹管理感知信息和社会活动统筹管理控制信息的运行过程,如图5-4所示。

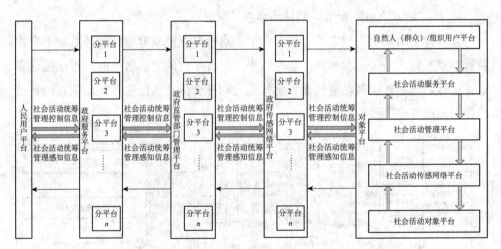

图5-4 监管社会活动管理平台的信息运行过程

在监管社会活动统筹管理感知信息的运行过程中,管理平台的社会活动统筹管理行为以感知信息的形式,通过相应的政府传感网络分平台传输至相应的政府监管部门管理分平台进行处理,再通过政府服务分平台将该感知信息传输给人民用户平台,完成社会活动统筹管理感知信息的运行过程。

在监管社会活动统筹管理控制信息的运行过程中,相应的政府监管部门管理分平台在人民用户平台的授权下,直接控制和管理社会活动管理平台,将获取的社会活动统筹管理控制信息,通过相应的政府传感网络分平台继续下发到社会活动物联网中的社会活动管理平台，由社会活动管理平台按要求执行控制信息。

4. 监管社会活动传感网络平台的信息运行过程

监管社会活动传感网络平台的信息运行过程是政府监管部门管理平台在监管对象平台之一——社会活动传感网络平台的传感通信行为的信息运行过程，包括社会活动传感通信感知信息的运行过程和社会活动传感通信控制信息的运行过程，如图5-5所示。

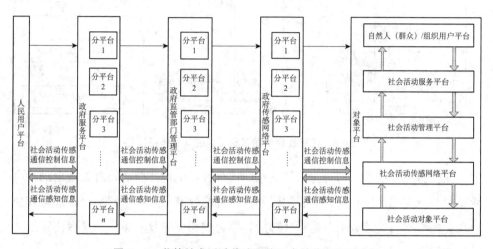

图5-5 监管社会活动传感网络平台的信息运行过程

在监管社会活动传感通信感知信息的运行过程中，社会活动传感网络平台的传感通信行为以感知信息的形式，通过相应的政府传感网络分平台传输至相应的政府监管部门管理分平台进行处理，再通过相应的政府服务分平台将该感知信息传输给人民用户平台，完成社会活动传感通信感知信息的运行过程。

在监管社会活动传感通信控制信息的运行过程中，相应的政府监管部门管理分平台在人民用户平台的授权下，直接监管社会活动物联网中的社会活动传感网络平台。政府监管部门管理分平台将获取到的社会活动传感通信控制信息，通过相应的政府传感网络分平台继续传输到社会活动物联网中的社会活动传感网络平台，由社会活动传感网络平台按要求执行传感通信控制信息。

5. 监管社会活动对象平台的信息运行过程

监管社会活动物联网中对象平台的信息运行过程是政府监管部门管理平台在监管对象平台之一——社会活动物联网中的对象平台的社会活动参与行为，开展监督管理工作而形成的信息运行过程，包括社会活动参与行为感知信息的运行过程和社会活动参与行为控制信息的运行过程，如图 5-6 所示。

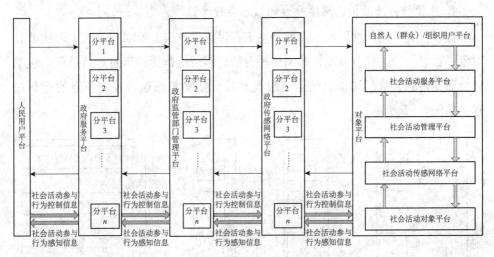

图 5-6　监管社会活动对象平台的信息运行过程

在监管社会活动参与行为感知信息的运行过程中，社会活动对象平台的社会活动参与行为感知信息通过监管物联网中相应的政府传感网络分平台传输至相应的政府监管部门管理分平台进行处理后，再通过相应的政府服务分平台传输给人民用户平台，完成社会活动参与行为感知信息的运行过程。

在监管社会活动参与行为控制信息的运行过程中，相应的政府监管部门管理分平台在人民用户平台的授权下，直接管理社会活动物联网中的对象平台参与社会活动的行为，生成相应的社会活动参与行为控制信息，通过相应的政府传感网络分平台传输到社会活动物联网中的社会活动对象平台，促使社会活动对象平台规范地、合法地参与社会活动。

6. 监管物联网的信息整体运行过程

在监管物联网中，政府监管部门管理平台同时对社会活动物联网中的自然人（群众）或组织用户平台、社会活动服务平台、社会活动管理平台、社会活动传感网络平台、社会活动对象平台进行监管，形成监管网的信息整体运行过程，如图 5-7 所示。

其中，当自然人（群众）或组织用户平台以个体需求实现为目的主导社会活动物联网的运行时，监管物联网中的政府监管部门管理平台对其实施监管。

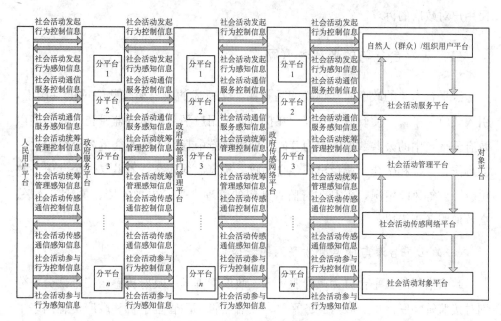

图 5-7　监管网的信息整体运行过程

在监管物联网的信息整体运行过程中，各个对象分平台在相应的政府监管部门管理分平台的监管下，由政府服务分平台和政府传感网络分平台连接，与人民用户平台形成不同的单体物联网信息运行闭环。这些单体物联网信息运行闭环不仅以共同的人民用户为节点，同时也可基于某一个或多个共同的政府服务分平台、政府监管部门管理分平台、政府传感网络分平台形成不同的监管闭环。被监管的各个对象分平台的信息运行闭环共同构成政府监管物联网信息的整体运行。

在智慧城市物联网体系下，城市的社会治理体系和治理能力逐步现代化，互联网＋、大数据、云计算等信息技术的发展，特别是"政务云"概念的提出，为政府监管物联网的监管方式向智能化发展提供了支撑。"政务云"即政府利用"互联网＋"创新模式、大数据分析、云计算技术和云数据库等，挖掘、提炼和分析政治、经济、社会管理等民生相关数据而搭建的政府云平台，为政府各职能部门的运行、调度、监管等提供资源信息服务。

以智慧城市物联网体系的建设为基础，监管物联网中的人民用户平台对政府监管社会活动物联网的模式提出了各类新诉求，需要政府构建一个可以全面反映社会活动状况、与智慧城市物联网体系相匹配的云平台型政府模式，以此满足人民用户对政府的诉求。

二、云平台参与的监管物联网

云平台参与的政府监管物联网是指在前文所述的政府监管物联网的基础上，引入政府云平台，使政府监管部门在执行人民用户平台下达的监管指令时，能以政府云平台中的公共数据资源为基础，促进政府中具有不同职能的各个机构之间的协作、共享和融合，避免出现各自为政、政府数据冗杂、不共享、公共服务缺位或错位等风险情况，提升政府监管部门的管理水平，更加便捷、灵活、公平、高效地服务于人民。

（一）云平台参与的监管物联网的结构

政府搭建的云平台分为政府服务云、政府管理云、政府传感云三个部分，分别对接监管物联网中的政府服务平台、政府监管部门管理平台和政府传感网络平台，为政府提供云计算服务，实现政府公平、高效、低成本的运营，更好地为人民用户服务。政府云平台参与监管物联网体系的运行，不仅是信息技术领域上的创新，更是一种管理模式上的改革，是在智慧城市的信息领域呈现出的一种新特征和新理念。

云平台参与的监管物联网是由人民的需求主导产生的，其功能体系由人民用户平台、政府服务平台、政府监管部门管理平台、政府传感网络平台、对象平台（即云平台参与的社会活动物联网的各个功能平台及参与其中的服务云、管理云、传感云），以及监管物联网中相应的政府服务云、政府管理云、政府传感云组成，如图5-8所示。

下面对各个平台的具体结构一一进行阐述。

1. 人民用户平台

智慧城市物联网体系建设的基础之一是信息技术的发展。人民作为政府监管物联网中的用户，在其从事生产和生活等各个领域的活动时，将产生大量需要被保护或共享的数据信息；同时也需要借助网络空间和信息资源共享机制来保障自身的知情权、参与权和监督权。因此，云平台在人民用户平台的主导下，通过政府相关部门的组织和管理，以服务云、管理云、传感云的方式，参与政府监管物联网，为人民用户平台提供云计算服务。

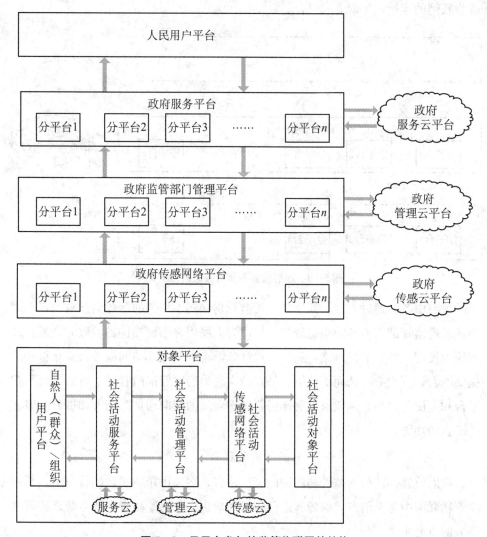

图 5-8 云平台参与的监管物联网的结构

在云平台参与的政府监管物联网中，人民用户平台从自身利益需求出发，授权政府监管部门管理平台选择云计算服务模式，搭建相应的政府云平台，利用互联网、云计算、大数据等资源，使人民用户或政府能够根据自身需求随时随地、便捷地访问共享云数据库，政府资源能够更好地以人民需求为本，实现按需服务。

2. **政府服务平台对接政府服务云**

在云平台参与的政府监管物联网中，云平台在政府监管部门管理平台、政府服务平台的支撑下，以服务的形式对接政府服务平台，形成政府服务云，参与监管物联网的运行，如图 5-9 所示。

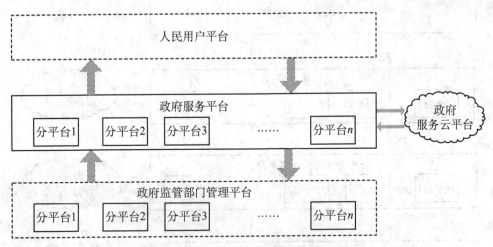

图5-9 政府服务平台对接政府服务云

政府服务云通过收集、甄别和分析监管物联网中相关的服务信息数据，一则展现政府监管部门业务的动态变化，自动为人民用户平台提供各类政府资源；二则让人民用户平台通过网络，利用各式终端设备随时随地访问服务云，获得政府提供的云计算服务，从而更便捷、高效地实现政府监管部门管理平台到人民用户平台和人民用户平台到政府监管部门管理平台间的双向通信，完善和提升政府服务平台的功能。

3. 政府监管部门管理平台对接政府管理云

政府监管部门作为监管物联网的管理平台，在人民用户平台的授权下，承担监管物联网中各类信息及保障其运行的管理职责，是智慧城市中社会管理和公共服务的重要主体。

在智慧城市物联网体系的整体运行和信息技术广泛应用的背景下，各类社会活动所产生的信息不断增加，数量庞大，使社会管理环境的不确定性和复杂性大大增加，故而加强政府的智慧化建设十分重要。政府需要进一步加快网络化、信息化、智能化建设，利用信息技术增强政府的监督与管理能力，树立新型的政府服务理念和政府管理形态，从而更好、更有效率地监管智慧城市社会活动中产生的各类数据信息。因此，在政府监管部门的引入下，云平台以管理云的方式，对接政府监管部门管理平台，形成政府管理云，参与监管物联网的运行，如图 5-10 所示。

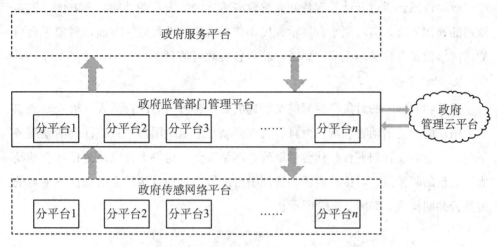

图 5-10　政府监管部门管理平台对接政府管理云

政府管理云参与监管物联网，是政府监管部门管理平台以人民用户平台的利益为出发点，为提高服务水平而进行的技术工具选择。借助政府管理云在信息收集、分析、处理、大数据计算等方面的优势，有助于实现社会活动管理服务的高效化和精细化，更好地满足信息时代智慧城市中人民的多样性和动态性需求。

4. 政府传感网络平台对接政府传感云

在云平台参与的政府监管物联网中，传感云在政府监管部门管理平台、政府传感网络平台的支撑下，以传感通信的形式对接政府传感网络平台，形成政府传感云，参与监管物联网的运行，如图 5-11 所示。

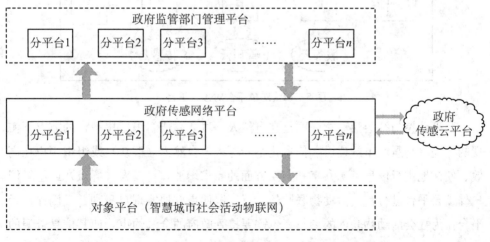

图 5-11　政府传感网络平台对接政府传感云

政府传感云通过云计算支持和完善政府传感网络平台的功能，一方面，发布政府的通知要求，向对象平台展示人民用户平台的需求；另一方面，对象平台可通过网络设备终端访问政府传感云，获得各类政府信息。

5. 对象平台

监管物联网中的对象平台即前文所述的云平台参与的以自然人（群众）或组织为用户的社会活动物联网，由自然人（群众）或组织用户平台、社会活动服务平台、社会活动管理平台、社会活动传感网络平台、对象平台以及对接社会活动服务平台的服务云、对接社会活动管理平台的管理云和对接社会活动传感平台的传感云共同构成，如图 5 - 12 所示。

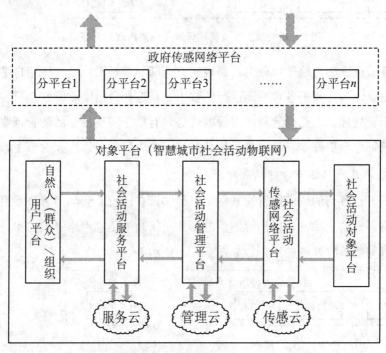

图 5 - 12　对象平台对接云平台

云平台参与社会活动物联网是在自然人（群众）或组织用户平台的需求下实现的。随着智慧城市的建设，信息化不断深入，自然人（群众）或组织用户在高效、便捷地进行信息资源共享和交换方面的需求增加，自然人（群众）或组织用户外接云平台进行社会活动物联网的运行，以便更好地实现自身利益。因此，云平台作为社会活动物联网的参与者也需要接受政府的合法约束，使其信息资源的获取、共享、交换等社会活动符合人民和政府的合法要求，达到社会活动中个体利益和社会整体利益的双赢，实现人民共同的合理、合法、正当的权益。

监管物联网中的对象平台所包含的各个对象分平台由云平台参与的社会活动物联网中各功能平台分别支撑形成。服务云、管理云、传感云以云平台的形式分别参与社会活动服务平台、社会活动管理平台、社会活动传感网络平台。因此，监管物联网中的政府对云平台的监管建立在对相应功能平台进行监管的基础之上，而非直接监管社会活动物联网中云平台信息的运行。

（二）云平台参与的监管物联网的信息运行

智慧城市物联网体系以一种智慧的方式为市民创造更美好的城市生活，引入云平台后更是将智慧发挥得淋漓尽致。对于监管物联网而言，该物联网得益于新一代的云计算技术，在信息的感知、控制、处理、存储、管理等方面得到了更加先进的技术的支撑，改变了政府监管社会活动物联网的方式，能够对人民用户平台的需求做出更加快速、智慧的响应，最终提高了整个物联网的信息运行效率。

在云平台参与的监管物联网中，政府服务平台、政府监管部门管理平台和政府传感网络平台分别在政府服务云平台、政府管理云平台、政府传感云平台的参与下，监管作为对象平台的社会活动物联网中的五个功能平台及为其提供云服务的云平台，为人民用户平台提供监管服务，形成感知信息和控制信息的运行闭环。

1. 监管自然人（群众）或组织用户平台的信息运行过程

社会活动物联网中的自然人（群众）或组织用户平台作为云平台参与的监管物联网的监管对象时的信息运行过程，是政府部门在政府云平台的参与下，针对自然人（群众）或组织用户平台的社会活动发起行为开展监管工作而形成的信息运行过程，包括自然人（群众）或组织用户社会活动发起行为感知信息和控制信息的运行过程，如图 5-13 所示。

在云平台的参与下，监管自然人（群众）或组织用户平台的社会活动发起行为感知信息的运行过程如下：社会活动物联网中的用户平台作为被监管的对象，其社会活动发起行为以感知信息的形式，经相应的政府传感网络分平台传输，被政府传感云平台接收，进行社会活动发起行为感知信息云收集和云通信，输送至政府监管部门管理平台；政府管理云在政府监管部门管理平台的组织下，由各类

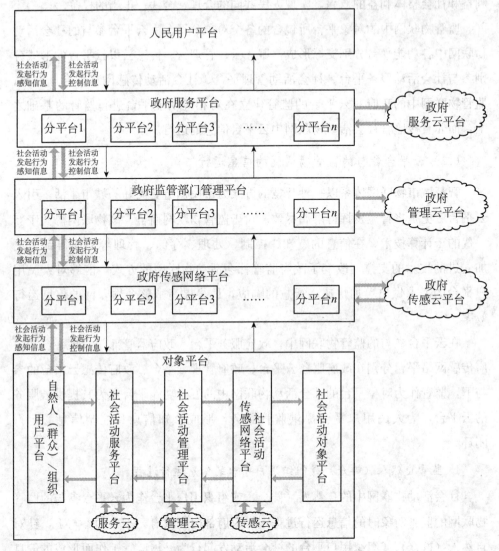

图 5-13 监管自然人（群众）或组织用户平台的信息运行过程

信息处理系统构成，为监管物联网提供云管理计算和云存储，实现对社会活动发起行为感知信息的有效和科学处理；处理后的社会活动发起行为感知信息通过相应的政府服务分平台，在政府服务云平台的介入下，形成可配置的社会活动发起行为感知信息共享池，被快速地提供给人民用户平台，人民用户平台则按需获得动态的信息感知、处理和应用服务。由此完成社会活动物联网中的自然人（群众）或组织用户平台社会活动发起行为感知信息的运行过程。

在云平台的参与下，监管社会活动物联网中的自然人（群众）或组织用户平台的社会活动发起行为控制信息的运行过程如下：相应的政府服务分平台在政府服务云平台的云计算技术的支撑下，收集到人民用户平台下发的社会活动发起行为控制信息，形成公共信息云数据，并输送至相应的政府监管部门管理分平台；政府监管部门管理分平台在政府管理云平台的云计算资源和云存储资源的支撑下，根据获取的社会活动发起行为控制信息，开展相应的控制监管工作，继续下发社会活动发起行为控制信息；相应的政府传感网络分平台在政府传感云平台的介入下，进行社会活动发起行为控制信息的数据采集、整合和传输，并向社会活动物联网中的自然人（群众）或组织用户平台传达；自然人（群众）或组织用户平台也可根据获取的社会活动发起行为控制信息，执行相应的社会活动发起行为。

2. 监管社会活动服务平台的信息运行过程

社会活动物联网中的社会活动服务平台作为云平台参与的监管物联网的监管对象时的信息运行过程，是政府在政府服务云平台、政府管理云平台和政府传感云平台的参与下，监管社会活动物联网中的通信服务时所形成的信息运行过程，包括社会活动通信服务感知信息和社会活动通信服务控制信息的运行过程，如图 5-14 所示。

在云平台的参与下，监管社会活动物联网中社会活动通信服务感知信息的运行过程如下：社会活动物联网中的社会活动通信服务感知信息在政府传感云平台的汇集下，经相应的政府传感网络分平台传输至相应的政府监管部门管理分平台；经由政府管理云平台的云计算处理后，再经政府服务云平台的智能统计分析，然后通过相应的政府服务分平台传输给人民用户平台，完成监管社会活动服务平台中社会活动通信服务感知信息的运行过程。

在云平台的参与下，监管社会活动物联网中社会活动通信服务控制信息的运行过程如下：相应的政府服务分平台依托政府服务云平台中的云计算技术，实现对人民用户平台下发的社会活动通信服务控制信息的智能收集和传输，输送至相应的政府监管部门管理分平台；政府监管部门管理分平台根据政府管理云平台对社会活动通信服务控制信息的智能分析和云计算，帮助人民用户平台管理、统计、设计和开展对社会活动服务平台的控制和管理工作，继续下发社会活动通信服务控制信息；并在政府传感云平台的接入下，通过相应的政府传感网络分平台传输到社会活动服务平台，由社会活动服务平台执行控制信息。

物联网与智慧城市

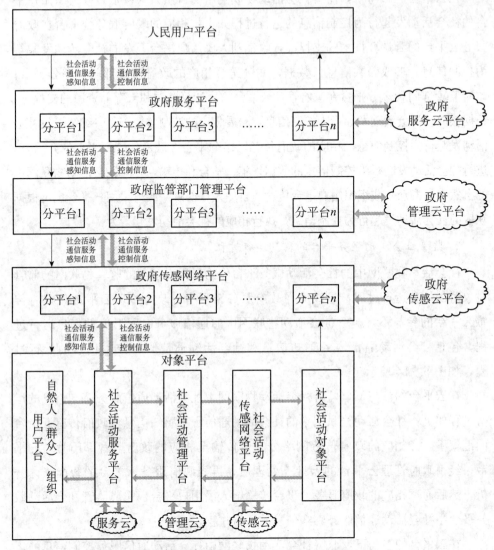

图 5-14　监管社会活动服务平台的信息运行过程

3. 监管社会活动管理平台的信息运行过程

社会活动物联网中的社会活动管理平台作为云平台参与的监管物联网的监管对象时的信息运行过程，是政府部门在政府云平台的参与下，监管社会活动管理平台的社会活动统筹管理行为时所形成的信息运行过程，包括社会活动统筹管理感知信息和社会活动统筹管理控制信息的运行过程，如图 5-15 所示。

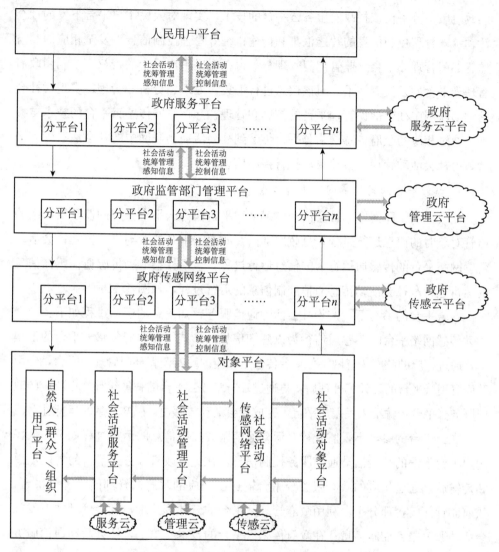

图 5-15 监管社会活动管理平台的信息运行过程

在云平台的参与下，监管社会活动统筹管理感知信息的运行过程如下：社会活动管理平台的社会活动统筹管理行为以感知信息的形式，在政府传感云平台的汇集下，通过相应的政府传感网络分平台传输至与相应的政府监管部门管理分平台相接的政府管理云平台，进行云计算处理；再经政府服务云平台的智能统计汇总后，通过政府服务分平台传输给人民用户平台，完成社会活动统筹管理感知信息的运行过程。

在云平台的参与下，监管社会活动统筹管理控制信息的运行过程如下：相应的政府服务分平台依托政府服务云平台的技术，实现对人民用户平台下发的社会活动统筹管理控制信息的智能汇集和传输；统筹管理控制信息下发至相应的政府监管部门管理分平台，监管部门管理分平台在人民用户平台的授权下，利用政府管理云平台的云计算技术，对该信息进行汇集、处理、分析、管理，实现对社会活动物联网中社会活动管理平台的控制和管理；并在政府传感云平台的技术支撑下，通过相应的政府传感网络分平台传输到社会活动物联网中的社会活动管理平台，由社会活动管理平台按要求执行控制信息。

4. 监管社会活动传感网络平台的信息运行过程

社会活动物联网中的社会活动传感网络平台作为云平台参与的监管物联网的监管对象时的信息运行过程，是政府部门在政府云平台的参与下，监管社会活动传感网络平台的传感通信行为的信息运行过程，包括社会活动传感通信感知信息的运行过程和社会活动传感通信控制信息的运行过程，如图 5-16 所示。

在云平台的参与下，监管社会活动通信服务感知信息的运行过程如下：社会活动传感网络平台的传感通信行为以感知信息的形式，在政府传感云平台的汇集下，通过相应的政府传感网络分平台传输至相应的政府监管部门管理分平台，经由政府管理云平台的云计算处理后，再通过政府服务云平台的智能统计，由相应的政府服务分平台传输给人民用户平台，完成社会活动传感通信感知信息的运行过程。

在云平台的参与下，监管社会活动通信服务控制信息的运行过程如下：人民用户平台下发的社会活动通信服务控制信息，在经过政府服务云平台的智能汇总和传输后，通过相应的政府服务分平台输送至相应的政府监管部门管理分平台；政府监管部门管理分平台利用政府管理云平台的云计算技术，直接管理并下发社会活动通信服务控制信息；在政府传感云平台的技术支撑下，社会活动通信服务控制信息通过相应的政府传感网络分平台传输到社会活动物联网中的社会活动传感网络平台，由社会活动传感网络平台按照控制信息执行传感通信行为。

5. 监管社会活动对象平台的信息运行过程

社会活动物联网中的社会活动对象平台作为云平台参与的监管物联网的监管对象时的信息运行过程，是政府部门在政府云平台的参与下，针对社会活动对象平台的社会活动参与行为，开展监督和管理工作所形成的信息运行过程，包括社会活动参与行为感知信息的运行过程和社会活动参与行为控制信息的运行过程，如图 5-17 所示。

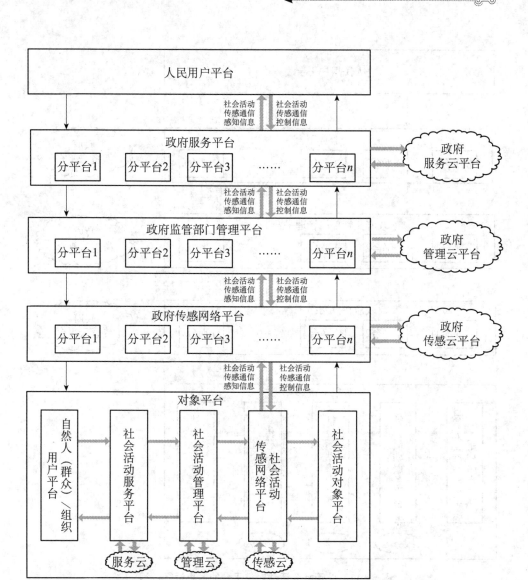

图 5 - 16　监管社会活动传感网络平台的信息运行过程

在云平台的参与下，监管社会活动参与行为感知信息的运行过程如下：社会活动对象平台的社会活动参与行为感知信息，在政府传感云平台的收集和汇总下，通过政府监管物联网中相应的政府传感网络分平台传输至相应的政府监管部门管理分平台，经政府管理云平台进行智能云数据处理后，上传至相应的政府服务分平台；社会活动参与行为感知信息在政府服务云平台的云计算技术的支撑下，由相应的政府服务分平台再传输给人民用户平台，完成信息的运行过程。

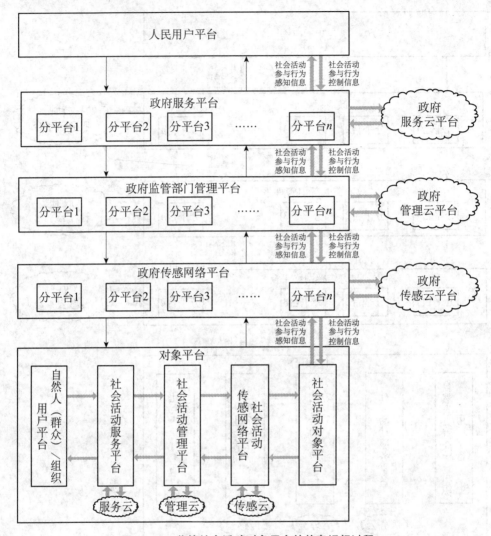

图 5-17 监管社会活动对象平台的信息运行过程

在云平台的参与下，监管社会活动参与行为控制信息的运行过程如下：人民用户平台下发的社会活动参与行为控制信息，在经过政府服务云平台的智能汇总和传输后，通过相应的政府服务分平台输送至相应的政府监管部门管理分平台；政府监管部门管理分平台在人民用户平台的授权下，接入政府管理云平台，利用云计算技术，直接管理社会活动对象平台参与社会活动的行为，并继续下发社会活动参与行为控制信息；在政府传感云平台的技术支撑下，相应的政府传感网络分平台将社会活动参与行为控制信息传输到社会活动对象平台，促使社会活动对象平台规范且合法地参与社会活动。

　　6. 云平台参与的监管物联网的信息整体运行过程

　　在政府服务云平台、政府管理云平台和政府传感云平台参与的监管物联网中，政府监管部门管理平台同时对社会活动物联网中的自然人（群众）或组织用户平台、社会活动服务平台、社会活动管理平台、社会活动传感网络平台、社会活动对象平台以及外接的服务云、管理云、传感云进行监管，形成监管物联网的信息整体运行过程，如图 5-18 所示。

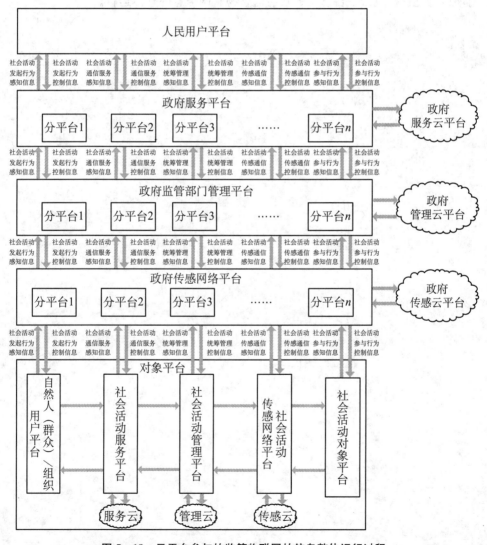

图 5-18　云平台参与的监管物联网的信息整体运行过程

　　在云平台参与的监管物联网的信息整体运行过程中，被监管的各个对象分平台在与政府管理云平台相接的政府监管部门管理分平台的统筹监管下，通过与政府服务云平台相接的政府服务分平台的服务通信，以及与政府传感云平台相接的政府传感网络分平台的传感通信，互相连接，与人民用户平台形成不同的物联网信息运行闭环。这些不同的单体物联网信息运行闭环不仅以共同的人民用户为节点，同时也可基于某一个或多个共同的政府服务分平台、政府监管部门管理分平台、政府传感网络分平台形成不同的监管闭环。被监管的各个对象分平台的信息闭环运行过程构成云平台参与的政府监管物联网信息的整体运行。

第六章
智慧城市体系结构的应用场景：
智慧社区

本章首先阐述智慧社区与智慧城市的共性、关系以及智慧社区对智慧城市的作用，智慧社区是智慧城市物联网体系的应用场景之一；进而介绍智慧社区物联网的具体结构以及位于它之上的政府管理物联网；最后从需求分析、系统设计、实施效果这三个维度阐述智慧社区物联网体系的五个应用场景——智慧安防、智慧停车、智慧公用事业、智慧物流、智慧家政。

一、智慧城市与智慧社区

智慧城市物联网体系结构具有智慧社区、智慧交通、智慧园区、智慧医疗等诸多特征和应用场景，智慧社区是智慧城市的应用场景之一，智慧城市与智慧社区的关系如图 6-1 所示。智慧社区内部是物联网结构，与智慧城市物联网体系的结

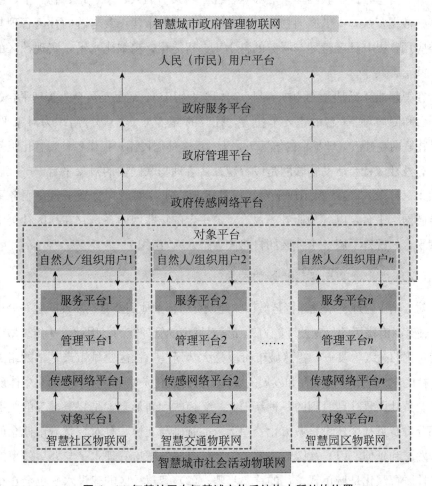

图 6-1　智慧社区在智慧城市体系结构中所处的位置

构一致。智慧社区作为智慧城市的缩影，遵循物联网功能体系的五平台结构——用户平台、服务平台、管理平台、传感网络平台、对象平台，并遵循智慧城市的运行规律——感知与控制相互配合。在智慧城市政府管理物联网体系结构中，智慧社区的用户平台处于该网对象平台的位置，带着自身的需求，以人民（市民）的需求为导向，参与智慧城市的建设。智慧城市社会活动物联网中的智慧社区、智慧交通、智慧园区等的用户平台也都是智慧城市政府管理物联网的对象平台。

（一）智慧社区的描述

智慧社区（smart community）是智慧城市的缩影，是一个多级混合物联网体系，智慧社区物联网体系包含智慧社区管理物联网和智慧社区社会活动物联网两部分。智慧社区物联网体系能够融合社区场景下的人、事、地、物、情、组织等多种数据资源，提供面向物业、居民和企业等城市建设参与者的社区管理与服务类应用，提升社区管理与服务的科学化、智能化、精细化水平，实现社区的共建、共治、共享。

在智慧社区管理物联网中，社区全体居民为用户，居民委员会为管理平台、服务平台和传感网络平台的主要承担者，社区的自然人（群众）/组织为对象平台；整个物联网在社区管理平台的统筹下，为社区全体居民用户提供各种智慧化服务。

智慧社区社会活动物联网是以智慧社区管理物联网中的对象平台——社区的自然人（群众）/组织为用户平台，以社区相应业务部门为管理平台、服务平台和传感网络平台，以各种业务模块为对象平台的物联网体系，它在社区社会活动管理平台的统筹下服务于社区的自然人（群众）/组织。

（二）智慧城市与智慧社区的关系

对于城市管理者来说，智慧城市的建设可以帮助他们及时地发现问题并处理问题，使其具有高级的信息处理能力、加强对城市的管理能力。因此，从传统城市走向信息化的高级阶段——智慧城市阶段是大势所趋。社区是城市最基本的组成部分，社区作为城市居民生存和发展的载体，其智慧化是城市智慧水平的集中体现。

智慧社区是社区管理的一种新理念、新模式和新形态，是智慧城市的关键组成部分，智慧社区建设是城市化管理运营的基础与支撑，是对智慧城市概念的继承、发展和延伸：（1）社区的高效、智慧化是提升城市管理水平与办事效率的前提，社区智慧化是城市智慧化的首要步骤；（2）智慧社区的建设水平也会在很大程度上影响智慧城市的发展前景，智慧社区建设必然成为智慧城市建设必须攻克的难题；（3）智慧社区作为智慧城市的基础单元，是智慧城市建设的具体应用与最终落脚点。

"智慧社区"建设，顾名思义，是将"智慧"的概念引入了社区，以社区群众的幸福感为出发点，通过打造智慧化服务为社区百姓提供便利。基于物联网、云计算等高新技术的"智慧社区"是"智慧城市"的一个"细胞"，它将是一个以人为本的智能管理系统，能够使人们的工作和生活更加便捷、舒适、高效。智慧社区的建设是在充分利用大数据、网络等新的信息通信技术的基础之上，发挥物联网体系结构的优势，为社区居民提供一个安全、舒适、便利的现代化、智慧化生活环境。

从物联网的角度来看，智慧社区物联网是智慧城市物联网的缩影，也是其应用场景，是智慧城市物联网在社区层面上的应用方向。智慧社区是智慧城市所涉及的业务模块的延伸；同时，智慧社区也有自己独立的服务、管理模块和结构。智慧社区建设有助于完成从社会整体到社区局部、再从社区局部回到社会整体的智慧化过程，最终促使智慧城市不断演进，达到更高的发展水平。

在智慧城市物联网体系中，智慧社区物联网是智慧城市社会活动物联网中的一个单体物联网，智慧社区的用户平台是智慧城市政府管理物联网的对象分平台之一，与智慧城市是点与面的关系。如果智慧城市是基本面，那么智慧社区就是构成这些面的点，没有点也就没有面，智慧社区是智慧城市建设的关键内容之一。智慧社区是智慧城市的重要组成部分，通过大大小小的智慧社区"点"，组成智慧城市"面"。以点带面，通过推进智慧社区的建设，实现打造智慧城市的目标，满足智慧城市一级物联网即政府管理物联网的用户平台——人民（市民）的需求。

（三）智慧社区建设对智慧城市的作用

1. 通过以社区为单位进行物联网体系建设，以点带面地逐渐实现整个城市的智慧化

通过智慧社区的建设可以提高社会管理的效率和公共服务的水平，从而推进城市转型升级，促进城市可持续发展。这是对城市基础设施前瞻性的布局，是对先进技术和人才的战略投资，也是对更多服务岗位和现代信息服务业的创造。因此，智慧社区的成功建设终将成为智慧城市建设的核心竞争力所在。

2. 通过打造智慧社区提升政府的管理水平，增强政府管理平台在智慧城市物联网体系中的统筹管理作用

以社区作为政府政务信息及政策思想传递的新型单位，借助数字化、信息化、互联网的手段来发布和传递，提高政府办事效率和服务能力，充分体现以人为本、服务民生的办事方针。因此智慧社区的建设对政府打造信息畅通、管理有序、服务完善、民生与人际关系和谐的现代化社区具有重要意义。

3. 通过智慧社区的建设，进一步发挥物联网理论的指导作用，推动智慧城市物联网运行的高效化

智慧社区是智慧城市的缩影和细胞，是一个完整的物联网体系。智慧社区的建设过程是对物联网理论的实际应用，物联网理论的内在逻辑将在智慧社区建设的过程中得到证明和检验。因此，智慧社区的建设是物联网理论的实践，有利于进一步推进智慧城市物联网体系的标准化和智能化。

二、智慧社区的总体结构

智慧社区是社区在 21 世纪的一种新形态，既具备社区的共性特征、要素和结构，又具有独特的"智慧"属性和物联网结构。下面将首先介绍社区的一般结构，再阐述智慧社区的结构。

（一）社区的一般结构

1887 年社会学家滕尼斯提出"community"（社区）这一概念，经过人们上百年的探索与实践，如今的社区正在蓬勃发展。要厘清社区的一般结构，就需要界定什么是社区，弄清楚社区具有哪些基本要素、这些要素以何种方式组合成结构。

1. "社区"通常是指一定地域范围内的社会生活共同体

中国学者将"community"翻译成"社区"一词，有一定的历史渊源。按照汉字结构的历史演变过程，"社"字逐渐具有地域性、活动性、行政性、集体象征意义等特性：甲骨卜辞以"土"为"社"，即"社"的本义指土地神；战国时期，"土"加"示"成为"社"，即祭祀土神之意；后来"社"字的含义由此引申为祭祀土神的日子或地方。周代以二十五家为"社"，故而"社"也引申为一种基层行政单位，后来还引申指某种从事共同活动的集体组织，现代也指某些机构。

在世界卫生组织于 1974 年提出的社区定义中，社区是指一固定的地理区域

范围内的社会团体，其成员有共同的利益，彼此认识且互相来往，行使社会功能，创造社会规范，形成特有的价值体系和社会福利事业；每个成员均经由家庭、近邻、社区而融入更大的社会生活共同体。

2. 社区通常具有人口、地域、社会互动、社区认同四个基本要素

社区的主体是人口——居民，可分为自然人（群众）居民和组织居民两种类型，具体包括个体、家庭户、社区居民委员会、商户、社会组织等。通常人口需达到一定数量，才能申请成立社区居民委员会，故而社区人口具有一定的规模。

按照行政区域划分的社区有较为明确的地理界线，占据一定的地域范围。地域大小显示了社区的行政属性，也将其与街道、小区等概念区分开来。社区的地域范围小于街道，一个街道辖区内通常有多个社区；社区在行政上受街道办事处的管辖，社区居委会在街道办事处的指导下开展工作。同时，社区的地域范围大于小区，通常由多个小区共同组成，并由社区居民委员会进行管理。由于地域范围存在差异，社区的功能比小区丰富，服务系统、人群结构等也比小区复杂。

社会互动是社区的重要组成部分，它是指居民在社区进行的社会活动。通常，社区居民有着较为密切的社会交往。没有居民入住的小区依然是小区，因为小区强调的是住宅和房屋产权。但如果区域内的居民是冷漠的、没有互动的，即居民之间没有信息交互，那么这一区域就不是"社区"，仅仅是多个住宅小区组成的物理结构，因为社区强调的是人，是人与人之间的社会互动关系。

社区认同既是社区居民进行社会互动的动力，也是互动的产物。社区认同是指居民之间有共同的意识和利益，有一定的社区文化。良好的社会文化、强烈的社区认同是社区发展到较高水平的重要指标，这样的社区是高度团结的社会共同体。

3. 社区内各要素内部及相互之间的作用形成相对稳定的构成方式（称为"社区结构"）

社区居民因具有物质和文化需求而在社区这一地域范围内开展经济、文化、社会交往、政治等各种社会活动，这些因素相互作用，构成了社区的经济结构、文化结构等。各种结构相互联系，成为一个有机的整体，便是社区的总体结构。

社区的结构使其具有多种功能：社区是居民生活之地，居民在社区中进行买卖交易，去公司上班，在银行等各类机构办理金融业务，此为社区的经济功能；居民在社区参与文体活动，在学校上学，在生活中接受、传播和创造文化，此为社区的文化教育功能；居民可以投票选举居民委员会的主要任职人员，全体居民

会议有权知晓、参与和决策社区重大事项，社区可满足居民的政治参与需求，此为政治功能；社区还具有公共服务功能、社会治理功能，等等。

（二）智慧社区的结构

智慧社区本身是基于各种社会活动形成的，经济活动、文化活动、社会交往活动、政治活动等是物质需求活动和文化需求活动的具体表现，包含于智慧城市的物质需求物联网和文化需求物联网中。因此，智慧社区的总体结构应是物联网结构，智慧社区物联网的属性是社会活动物联网（智慧社区社会活动物联网中也包含智慧社区管理物联网和智慧社区社会活动物联网，智慧社区社会活动物联网的层级和类别与智慧城市社会活动物联网一样），该社会活动物联网在智慧城市政府管理物联网的管理之下运行，其结构如图6-2所示。

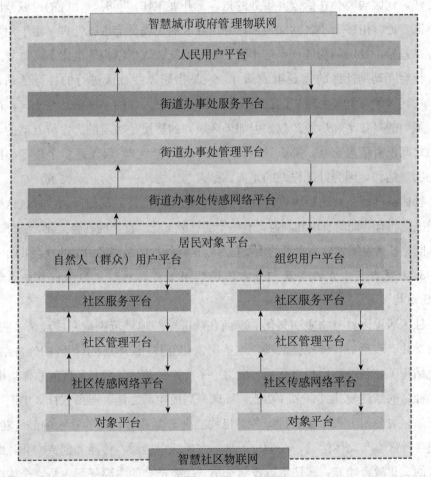

图6-2　智慧社区之上的政府管理物联网及智慧社区物联网的结构

1. 智慧社区之上的政府管理物联网

　　任何社会活动最终都离不开政府管理物联网的管理，法制和科层制结构既在一定程度上保证了效率，又实现了公平性和公共性。智慧社区是智慧城市的一部分，为保证其在党的领导和政府的政策下高效地运作，智慧社区也离不开政府管理物联网的统筹。

　　智慧社区之上的政府管理物联网由人民用户平台、街道办事处服务平台、街道办事处管理平台、街道办事处传感网络平台，以及自然人（群众）/组织这两类居民对象平台共同构成。各平台的具体说明如下。

　　政府管理物联网的用户始终是人民，人民群众有使生活更便利、多样化、安全、智慧化的需求，这些需求促使人民主导物联网的组建、授权政府部门作为管理平台。政府管理平台代表人民的意志，在人民的授权和监督下开展管理工作，为人民服务。

　　街道办事处是智慧社区之上的政府管理物联网的重要组成部分，是街道一级的政府管理部门。我国地方行政区划分为"省—县—乡"三级，街道相当于"乡"（"镇"）一级行政区划。街道办事处处于政府的最末一级，是区人民政府的派出机关，负责管辖街道内的多个社区。乡（镇）政府和街道办事处（下文简称"街道办"）都是中国最基层的行政单位。

　　街道办的主要职能是办理上级政府有关居民工作的交办事项，进行综合管理、指导居民委员会的工作，反映居民的意见和要求，分别对应其作为服务平台、管理平台、传感网络平台的功能。

　　街道办需要接收上级政府的决议和指令，履行法律、法规、规章及市、区人民政府作出的决定和指令所规定的其他职责，常常自行充当用户需求信息的通信通道，发挥服务平台的功能，将经过判断和筛选的用户需求信息传输给管理平台。

　　街道办接收到信息，进行相应的处理，进行综合管理，依法在辖区内统筹并开展公共服务、城市管理和社会治理等工作，协调辖区内的地区性、社会性、群众性事务，包括但不限于以下具体事务：

　　（1）组织实施辖区内与居民生活密切相关的公共服务工作，落实卫生健康、养老助残、社会救助、住房保障、就业创业、文化教育、体育事业和法律服务等领域的相关法律法规和政策；

　　（2）组织实施辖区环境保护、秩序治理、街区更新、物业管理监督、应急管理等城市管理工作，为辖区营造良好的发展环境；

（3）组织实施辖区平安建设工作，预防、排查、化解矛盾纠纷，维护社会和谐稳定；

（4）指导居民委员会工作，推进社区发展建设；

（5）做好国防教育和兵役等工作。

街道办的许多具体事务要依靠居民委员会来开展，街道办向居民委员会传输管理信息，指导居民委员会工作，支持和促进居民依法自治，完善社区服务功能，提升社区治理水平，这是街道办发挥传感网络平台功能的体现。

智慧社区之上的政府管理物联网的对象平台可以是自然人（群体）居民或组织居民，这些居民对象在街道办的管理和统筹之下，执行相应的事务，最终为满足人民用户平台的需求做出贡献。街道办可以动员和组织辖区内的单位和各类社会组织参与基层治理工作，统筹辖区资源，实现社区的共建、共治、共享；也可以组织辖区的单位、居民对辖区的水、电、气、热、电信等公共服务企业或事业单位的服务情况进行评价，并将评价结果反馈给公共服务企事业单位、相关行业主管部门，即街道办可以通过管理部分自然人（群体）对象和组织对象来服务于辖区居民。

2. 智慧社区物联网

智慧社区之上的政府管理物联网中的对象在智慧社区物联网中则是用户，同样可以分为自然人（群众）用户和组织用户两类。智慧社区物联网由自然人（群众）或组织用户平台、社区服务平台、社区管理平台、社区传感网络平台，以及对象平台共同构成。

按照需求的两大类划分，智慧社区物联网可分为智慧社区物质需求物联网和文化需求物联网，在这两类物联网之下再进行细分，其中为社区居民群体的共同需求服务的是智慧社区物质需求物联网和文化需求物联网的公众网；相对地，为个体居民的特定需求提供服务的则是游离网。按照层级划分，智慧社区物联网的一级网为智慧社区管理物联网，二级网为智慧社区社会活动物联网，其中二级网由多个单体（业务）物联网组成。在上述各个网中，五个平台的职能在本质上是相同的，针对的具体事务则存在差异。

社区全体居民是智慧社区物联网的用户，包括自然人居民和以组织形式开展活动的居民。能够管理和服务于全体居民的组织是居民委员会。居民委员会向居民会议（由社区 18 周岁以上的居民组成）负责并定期汇报工作，其工作接受全体居民的监督。

居民在物质需求和文化需求的驱动下在社区开展各类社会活动、进行社会互动，居民在表达这些需求的过程中离不开社区服务平台的支持。居民首先要借助各类信息渠道来发布需求，以寻找合适的对象来满足其需求。居民委员会统筹、协调资源以满足居民的基本公共服务需求，所以社区的主要管理平台是社区居民委员会。

社区管理平台以居民委员会为核心，居民委员会执行居民会议的决议，对本社区的公共事务进行日常管理。社区居民委员会（下文简称"居委会"）是居民进行自我管理、自我教育、自我服务的基层群众性自治组织，街道办对居委会的工作给予指导、支持和帮助，居委会则协助街道办开展工作，因此居委会既具备群众性，又与基层政府有着密切关联，在实际运作中不可避免地具有一些行政特点。

居委会是现代城市社区的标志之一，居委会的管理和服务能力关乎社区经济、文化、社会、生态各方面的发展。在社区设立居委会十分必要，社区根据居民的居住状况，按照便于居民自治的原则，一般在 1 500～3 000 户的范围内设立居委会；其设立、撤销与规模调整由上级人民政府决定。居委会由主任、副主任和委员组成，共 5～9 人。居委会主任、副主任和委员由居住地区全体有选举权的居民或者由每户派代表选举产生；根据居民意见，也可以由每个居民小组先选举代表 2～3 人后再进一步选举产生。

居委会有以下职能：

（1）宣传宪法、法律、法规和国家的政策，维护居民的合法权益，教育居民依法履行应尽的义务，协助维护社会治安；

（2）开展社区文化教育，普及科学知识，开展多种形式的社会主义精神文明建设活动；

（3）加强社区与社区之间的联系，促进团结、互助，就共同关心的问题与政府部门及其他社区合作；

（4）协助街道办在社区开展民事调解、社会治安、劳动就业、公共卫生、优抚救济、青少年教育、外来人口管理等工作，协助保护城市生态环境，维护社区的交通、通信、能源等市政公共设施；

（5）办理社区居民的公共事务，筹措社区公益事业资金，管理和维护集体资产；

（6）开展便民利民的社区服务，兴办有关的社会福利事业，指导、管理社区安老、助残等社区服务机构；

（7）协助街道办做好社区内失业人员及离退休人员的社会化管理与服务工作；

（8）与业主委员会合作，对社区的物业管理和服务进行指导、监督、支持；

（9）向街道办反映社区居民的意见、要求并提出建议，组织社区居民对政府部门的各项政务进行民主评议和民主监督；

（10）依法积极培育和发展社区的社会组织，协助街道办加强对社会组织的指导与帮助；

（11）在国家法律、法规和政策允许的范围内，自主决定社区内的各项事务，等等。

居委会为了满足全体居民的需求、发挥应有的职能，可以根据自身需要设立人民调解、治安保卫、公共卫生等委员会，组织人员开展化解社区、家庭以及邻里之间的矛盾和纠纷，社区平安建设，停车秩序整治，综合行政执法，社区环境治理，垃圾分类处理，其他社区公共服务、公益服务、便民服务等工作，就地解决涉及居民切身利益的问题。

社区管理平台为了与对象平台更好地互通信息，需要有合适的传感网络平台来协助其管理。社区传感网络平台可以由具备传感通信功能的组织、团体或个人担任。

智慧社区物联网的对象平台会因居民的需求不同而存在差异。针对居民的安全需求，相关信息将在社区安防系统内进行传输，连接相关的消防人员、社区警务人员、管辖该辖区的公安派出所、社区的警报器、住宅楼的消防器材等。针对居民的停车需求，相关信息则在社区停车系统内进行传输，连接相关的车辆、停车收费处、社区物业规划的停车场所等。其他情况依此类推。

社区管理平台寻找不同的对象平台，加强规范化建设，进行统筹，建立可以满足社区居民多样化、共性化需求的多种物联网，从而实现社区信息的互联互通、共享、实时监控、综合监测，健全发现问题、研判预警、指挥调度、诉求处置、督查考核等工作流程，为社区的良好运行提供支持。

3. 智慧社区物联网的业务结构

如前所述，智慧社区中居民的不同需求促成了不同的社会活动，这些活动分别形成不同的业务物联网，进而呈现一个以全体居民为用户平台，以居委会为核心的服务平台、管理平台和传感网络平台，以具有不同需求的居民为对象平台的智慧社区管理物联网；在居委会的综合管理下，智慧社区社会活动物联网内的各个业务物联网为具有不同需求的居民提供服务，如图6-3所示。

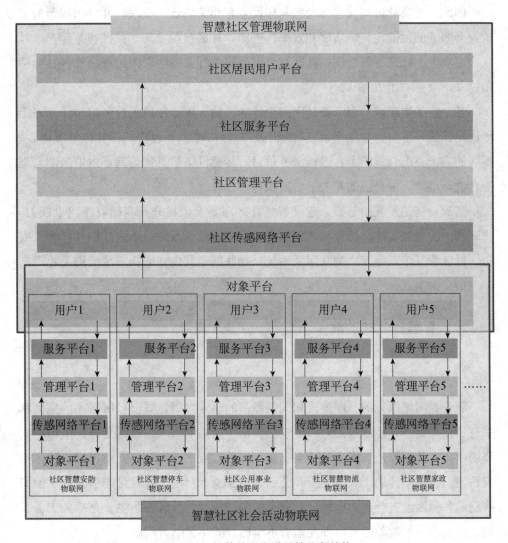

图 6-3 智慧社区物联网的业务结构

社区安防、停车、公用事业服务、物流、家政服务是社区居民典型的公共服务需求或个性化需求。社区居民的安全和公用事业的保障是其基本的共性需求；随着汽车成为人们的主要交通工具之一，停车成为有车居民的典型需求，停车还与社区的交通安全、环境卫生等因素相关联，所以他人有序停车、保障社区环境的安全和整洁也是无车居民的需求；网上购物、接收快递的消费模式使物流成为居民的重要需求之一；空闲时间较少、想花费尽量少的时间在家务上，或者希望有更专业的保洁、照看孩子等服务的居民存在获取和享受智慧家政服务的需求。

因此，智慧社区理应包含这些与居民息息相关的业务模块，并且用智慧的方式提升服务的便捷性、舒适度和效率。进而，社区智慧安防、社区智慧停车、社区公用事业、社区智慧物流、社区智慧家政服务等业务物联网是智慧社区社会活动物联网业务的组成部分。

各个业务物联网的服务都是面向全体居民的，因此用户平台可以是任何一个居民，其服务平台、管理平台、传感网络平台和对象平台均应视具体情况而定，不同的需求将由合适的平台进行服务信息、传感网络信息的传递，由恰当的管理平台进行统筹，由合适的对象平台来执行。

基础设施是发展的基石，建设智慧社区需要大力提升其基础设施建设能力。物联网中的物理实体、信息和功能的集成可以表现为系统。下面介绍社区智慧安防、社区智慧停车等五个物联网及系统，物联网是其内在结构，系统则是物理实体与信息的集成。

三、智慧社区的功能表现

(一) 社区智慧安防

随着我国城镇化的有序推进和国民经济的迅速发展，城市社区居民的生活水平有了很大提高，社区居民对社区安全提出了更高的需求。社区是居民生活的主要场所，因此保障社区安全是社会安防工作的重点之一。社区安防以维护社区治安秩序、保障社区居民人身安全和公私财产安全为目的，针对可能引发社区治安问题的各种因素进行有效监控、防范和控制。传统的社区安防主要是靠人工去发现、控制潜在的危险因素，存在监管不全面、效率低下等问题。

在政府大力进行智慧城市和平安城市建设的大背景下，城市智慧安防是建设的重中之重。社区智慧安防作为城市智慧安防建设的重要组成部分，其建设水平直接影响着智慧城市的建设效果，社区安防也需要用智慧的方法进行建设。

传统的社区安防系统仅仅包括视频监控、门禁管控等内容，与消防系统是相互独立的。"安防"的全称为"安全防控"，而消防的本意是"消除隐患，预防灾患"，因此笔者认为消防应属于安防的重要组成部分。独立设计的防火、防盗等系统非但不能对社区的整体安防产生合力效应，还存在资源浪费现象。而以物联网体系为基础的社区智慧安防系统即社区智慧安防物联网，更加注重安防系统的整体联动性、协调性。它基于一个综合管理系统框架，以感知、传感、控制等技术为支撑，对社区智慧安防物联网进行统一设计，对社区安防信息资源进行统一管理，为社区居民提供多种安防信息服务，实现社区的自动化、信息化安防管理，使社区内的居民获得高效、安全、舒适的生活环境。

1. 需求分析

需求分析是进行社区智慧安防系统设计的基础，直接影响系统设计的具体内容。通过对社区智慧安防物联网中构成者需求的调研与分析，结合社区安防的具体场景，可获得社区智慧安防物联网各功能平台的设计依据。下面将具体阐述社区智慧安防物联网各构成者的具体需求，以便为社区智慧安防系统的设计提供参考。

（1）用户的安全生存需求

社区智慧安防是为全体社区居民服务的，具有公用性质。全体社区居民，包括社区内工作生活的自然人（群众），也包括在社区内开展营利性及非营利性业务的各组织机构，都是社区智慧安防服务的用户。社区居民对安全的需求如同人对吃穿住行的需求一样，在一定程度上是人对生存最基本的需求。

在一个安全、舒适、便捷的社区环境中生活是每一个社区居民的梦想，社区提供智慧安防服务是实现此梦想的重要一环。在信息方面，社区居民希望在保护他人隐私、遵守国家法律的情况下，从社区便捷、智慧地获取各类与自身安全密切相关的实时数据与历史数据，清晰而准确地掌握社区内外的环境信息；在安全防范方面，社区居民希望能够通过手机、电脑、自助终端等设备查询可疑人员在社区、楼宇中的出入情况，查询身边安防设施的工作状态，以此为依据做出有效防范，保护自身合法利益。

社区居民在安全生存需求的主导下，发起社区智慧安防物联网的组建，形成社区智慧安防物联网的用户平台，期望通过社区智慧安防物联网的运行，打造出更安全、更舒适的社区生活环境。

（2）对外表达、信息传输需求

社区居民对外表达安防需求是信息传输的过程，社区居民对社区安防的需求越多样、期望越高，需要传输的信息内容就越丰富。社区居民在经历传统社区安防低效率、窄覆盖、高成本的信息传输过程后，需要一个平台来实现社区智慧安防服务功能的集成，通过一次接入，实现多种安防需求的表达，同时享受多种安防服务。

为了向社区居民提供优质的安防服务，社区智慧安防物联网需要集成视频监控、门禁管控、入侵报警、火灾探测报警等多种服务接口，其所提供的服务与社区居民的主导性需求相匹配。以上服务接口的提供商在获取经济利益这一参与性需求的驱动下，参与社区居民主导的社区智慧安防物联网，形成社区智慧安防物联网的服务平台。服务平台的功能表现为在满足该平台运营者自身参与性需求的同时，可满足社区居民的安全生存这一主导性需求。

（3）安防信息管理需求

在社区智慧安防用户平台和服务平台形成后，经由服务平台传输的信息还需要一个平台进行统筹管理，以该平台自身的资源优势协调社区智慧安防物联网的运行。以社区居民的意志为导向，对社区智慧安防物联网进行统筹管理，同时获得社区居民授予的管理权利和提供的资源，并获得自身利益，这些需求驱动业务提供商参与社区居民主导的物联网，形成社区智慧安防物联网的管理平台。

社区智慧安防物联网的管理平台在社区智慧安防中起着核心管理作用。一方面，管理平台需要通过建设社区智慧安防综合管理服务器来接入不同安防管理子服务器（视频监控服务器、门禁管理服务器、火灾监控服务器等），以实现社区安防的整体、全方位管理，实现安防数据的统一接入、统一计算、统一储存。另一方面，管理平台需要内设管理数据库，外联云平台，实现安防信息的传输、计算、交换、共享，使信息价值最大化，有效保障社区安防事项运行的可靠性、即时性。

（4）信息获取、传感需求

社区智慧安防管理平台对上传递感知信息，接收控制信息；对下则下发控制信息，接收感知信息，管理平台信息的上传和下发需要特定的信息传输通道。管理平台信息的上传可通过服务平台来实现，管理平台信息的下发同样需要通信、数据库、信息搜索等技术为其提供信息传输通道，这便形成了传感网络平台。

传感网络平台可利用其自身通信技术优势，为管理平台和对象平台互通提供信息传输通道，在提供服务的过程中实现自身商业价值以及诸如提高知名度等附加价值，这是传感网络平台参与社区智慧安防物联网组建的原始动力。

传感网络平台为物联网提供传感通信服务，其接收到的信息是对象传输来的最原始的信息，能够精确地反映出对象的真实状态。在信息时代，信息是极具价值的事物，如同战场上的军事情报一样，掌握越多的信息便对局势具备更强的把控力。传感网络平台建设者或运营者正是有获得信息、提高市场竞争力的需求，才有参与物联网组建的动力，通过参与社区智慧安防物联网，在获得社区居民用户授权的条件下尽量获得更多信息，获得更大的商业利益。

（5）感知并生成安防信息的需求

在社区智慧安防物联网中，社区居民要想了解来自社区环境中的原始的安防信息，就需要一个平台将感知到的、看到的信息以代码的形式表现出来，该平台的业务提供商也希望获得切实的商业利益，这些需求便形成了对象平台。对象平台对信息源的感知是物联网的传感网络平台、管理平台、服务平台、用户平台功能表现的信息基础。

物联网的对象平台是各种感知控制设备的集合，其参与物联网的组建可满足用户方便、快捷地获取社区安防信息的现实需求。同时，对象平台内部的各种设备在提供安防服务的同时，也能获取用户使用习惯、设备环境适应性等信息，这为设备供应商对设备功能增减、性能优化等方面提供了可靠的参考信息，能够有效促进设备产品的技术进步和可持续升级，使设备供应商获得切实的商业利益。对象平台的感知控制设备技术越先进、可靠性越高，用户越能获得益处，社区居民的生命财产安全越能够得到保障。

上文对社区智慧安防物联网各构成者的需求进行了具体分析，社区居民用户的主导性需求的实现是社区智慧安防物联网各功能平台共同运行的结果，而满足用户主导性需求的过程同样是满足其他功能平台参与性需求的过程。参与性需求的满足能够使物联网各功能平台得到技术进步，能够提供更好的功能服务，将为社区居民用户的主导性需求的实现提供更坚实的基础。

2. 系统设计

社区智慧安防物联网属于智慧城市社会活动物联网的物质网中的公众网，无论用户是自然人（群众）还是组织，大家对社区安防的需求都是统一的、共性的，不涉及个性化的需求。

社区智慧安防物联网是基于各种信息传感技术、信息管理技术，面向全体社区居民的，可整合安防服务职能，优化业务流程，建设一个跨部门的、一体化、智慧化的安防系统，最终实现社区安防的一体化管理和服务的物联网。结合上文对社区安防需求及社区智慧安防物联网各功能平台的分析，社区智慧安防物联网的系统设计如图6-4所示。

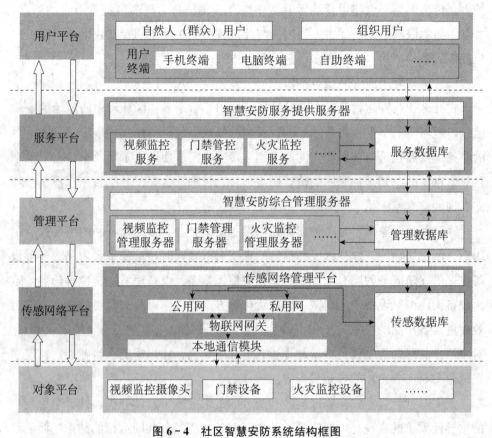

图 6-4　社区智慧安防系统结构框图

（1）用户平台设计

社区居民希望能够准确、便捷地查询社区安防信息，以便及时采取预防措施，保障自身的安全权益，这要求实现人与信息互联。社区智慧安防物联网的用户始终是人，人和信息系统进行通信联系时需要相应的媒介。这个媒介便是各种用户终端设备，包括手机终端、电脑终端、自助终端等。因此，用户平台设计有自然人（群众）和组织两类用户以及用户终端设备。

不过，仅仅依靠终端物理实体，用户还是无法与信息系统建立通信连接，所以要在终端中内置用户信息系统来实现信息的计算处理和转化（感知信息和控制信息之间的转化）。用户终端物理实体与用户信息系统协同合作，将信息的含义以图像、声音、文字等形式展示，使用户实现对安防设备状态的实时感知和控制，实现人与信息系统的交互。当前用户信息系统多以手机 App、微信公众号、客户端软件等形式行使功能。

（2）服务平台设计

社区智慧安防物联网中的服务平台通过服务通信技术的集成，实现用户服务的便捷化、快速化。服务平台设计有智慧安防服务提供服务器、服务数据库等物理实体，用于提供视频监控、门禁管控、火灾监控等安防服务。

服务数据库用于辅助管理数据库储存数据，通过智慧安防服务提供服务器直接向用户提供服务。服务数据库所储存的信息是管理数据库信息的一部分，是管理平台传输给服务平台，并且可以提供给用户、服务于用户的信息。

以服务数据库中的信息为基础，通过计算处理，可以得到用户终端设备能解析和重新编译的信息，提供视频监控、门禁管控、火灾监控等服务；这些信息也保存和备份在服务数据库中。

智慧安防服务提供服务器中设有用户 App 后台管理服务器和用户 Web 后端服务器，能对接入的用户终端进行认证、鉴权、删减等管理，在为用户提供安防服务的同时，保障安防服务提供给正确的用户终端（即提供给授权的用户），降低安防信息外泄的风险。服务平台向用户提供信息均需要利用智慧安防服务提供服务器。

（3）管理平台设计

社区智慧安防物联网中的管理平台对社区智慧安防的用户信息、商业信息、监控信息等繁杂、计算量大的信息进行计算处理和存储。管理平台设计有管理数据库、智慧安防综合管理服务器等物理实体，可实现视频监控管理、门禁管控管理、火灾监控管理等。

管理数据库存储物联网的所有信息。视频监控管理服务器、门禁管控管理服务器、火灾监控管理服务器等不同安防管理服务器中的信息，在被抽取、清理、转换后均由管理数据库统一存储，实现不同安防系统下的信息共享检索和查询，实现不同数据结构的安防信息的集成和存储。

视频监控管理服务器、门禁管控管理服务器、火灾监控管理服务器等物理实体属于安防中的不同业务单元，用于对不同业务单元的安防数据进行分散接入、专业处理。经过不同安防服务器解析、计算和其他处理后的安防信息又被统一接入管理数据库进行存储。

管理平台中设计的智慧安防综合管理服务器是服务平台与管理平台通信的唯一路径。智慧安防综合管理服务器在管理平台中具有一定的防火墙作用，可实现信息过滤、脱敏等功能，在信息涉及他人隐私，不适合直接向服务平台和用户展现时，可通过去实名化、打码等技术手段对信息进行技术处理。同时，智慧安防综合管理服务器可对一些事件信息自动作出判断，直接将结果告知用户：例如，当可疑人员要进入某栋楼时，管理平台门禁管控管理系统对其进行识别后，由智慧安防综合管理服务器根据信息识别和判断结果对其作出"禁止进入"命令，并拍照存档，将处理结果告知用户，用户不需要直接发出"禁止进入"命令。

（4）传感网络平台设计

社区智慧安防物联网中的传感网络平台是行使传感通信功能的平台。安防设备感知到的信息在对象平台生成后，大多数感知信息需要上传给管理平台进行认证和解析，以利于用户理解，并做出正确判断，因此传感通信的准确性尤为重要。

传感网络平台利用的通信技术一般包括两种：公用网和私用网。公用网是指电信运营商运营的网络，例如 4G、5G、NB-IoT 等，通信时不需要另行建设网络；私用网指的是非电信运营商运营、依法合规建设的网络，一般专网专用，包括 LoRa、SigFox 等，采用私用网通信一般需要设置物联网网关。

传感网络平台设计有传感数据库，用于传感数据的存储。传感数据库一般是对设备数据（包括对象设备列表及其属性、功能、地理位置等）和传感数据进行统一存储、统一汇集。传感网络平台一般接入的对象设备较多，每时每刻都在产生信息，而这些信息有些是现在需要的，有些是现在不需要但未来可能需要的，若所有信息都上传给管理数据库，则对管理平台是一个巨大挑战。因此，传感数据库的一部分作用是为管理数据库提供缓存作用，在无法确定传感信息作用时，上传用户平台需要的信息，定期删除用户平台不需要的信息。

传感网络管理平台是对传感通信进行统一管理的平台，也可以称为传感网络管理服务器。传感网络管理平台管理的内容包括对象设备入网注册和注销管理、通信列表管理、链路及路由管理、网络管理、接口管理等，具有传感节点状态检测与上报、网络状态检测与上报等功能。传感网络管理平台可对紧急安防事件信息作出响应和控制，如接收到火灾信息后，能够控制洒水喷头灭火。

（5）对象平台设计

社区智慧安防物联网中的对象平台是各种安防感知和控制设备的集合，包括智能视频监控设备、人脸识别设备、门禁设备、火灾监控设备、消防设施监测设备、电动车进楼监测设备等，通过有线或无线的方式与传感网络平台通信模块连接。安防设备作为传感器对环境作出反应，在检测到异常状态时，能及时上传异常信息，并对其进行及时处理。

3. 实施效果

按照上述设计来实施，社区智慧安防物联网可以实现以下效果。

（1）保障社区居民安全

①异常报警

自动识别社区居民的身份信息，非社区人员接近重要或危险区域时自动报警，防止非法入侵；对异常情况自动化进行报警，比如门超时未关。

②提高人员读取准确率

在大流量人员出入社区的情况下，管理人员可以通过终端实时查看每个出入口的人员进出情况以及终端的状态，有效减少误检或漏检情况。

（2）全方位地监控和管理社区安防，保障信息安全

对安防数据进行统一接入、统一计算、统一储存。可采集、储存、识别和分析所有状态记录、进出记录，可按不同的查询条件查询，发挥集中处理、运营的优势，实现安全预警、及时通知和应对、事后追溯等效果。

（3）全面感知社区安防相关信息

利用各类传感装置和设备，对社区居民生活中的安防信息进行感应、接收、互联互通，实现社区安全管理的实时自动化，提高社区安全管理效率，建设平安社区、可安全居住的智慧社区。

（二）社区智慧停车管理

科技拓展了人类的视野和技能，提高了人类的生存质量。作为现代科技之一的车辆，延伸了人们的出行里程，让人们能够更便捷地去往各处。小汽车出行是对居民公共交通出行的重要补充。

《2019 中国停车行业发展白皮书》显示，全国机动车保有量突破 3.48 亿，小汽车保有量突破 2.6 亿，其中私家车保有量突破 2.07 亿。

随着车辆保有量的不断增加，城市交通压力剧增，停车行业也面临挑战。停车既是社会交通问题的难点，又是提高居民生活质量和满意度过程中亟待解决的问题。截至 2019 年底，正在进行中的停车 PPP 项目为 105 个，总投资达 570.5 亿元。2019 年度新增泊位 89.3 万余个，泊位的结构为：住宅小区的泊位占 64.19%，单位自用的泊位占 14.96%，公共配套的泊位占 20.85%。住宅小区泊位占据相当大的比例，解决这类泊位的管理问题是改善停车管理质量的关键环节，而城市社区通常由多个住宅小区共同组成，换句话说，社区泊位的管理问题不容忽视。

1. 需求分析

需求是人类从事各项活动的动机，满足需求是活动的目的。要精准地解决社区停车管理问题，首先要洞悉用户的需求，然后才能对症下药。停车是大多数有车居民（车主）的无差别需求，因此主要指向公众网，此处不对游离网进行介绍。

智慧停车，简而言之就是停车全流程智慧化、智能化，具体来说是实现以下"四化"：一是泊位资源的实时更新、查询、预订与导航服务一体化，二是泊位资源利用率的最大化，三是停车场利润的最大化，四是车主停车服务的最优化。在智慧社区中，实现智慧停车是车主的最终需求和直接需求；用户不会直接表明，但却间接和潜在地具有社区智慧停车物联网良好运行的需求，这就要求社区智慧停车物联网具备完整性，比如信息发布和传输、数据管理、用户和对象管理等。因此，车主用户的需求可以拆分为智慧化停车需求，获取、发布和传递停车信息的需求，分析、处理、管理和匹配停车信息的需求，智能调用信息所对标的具体泊位的需求，配置泊位资源、完成停车交易的需求。这些需求和信息、相应的物理实体相结合，便构成了不同的平台。

（1）智慧化停车需求

社区车主用户（包括社区居民和外来车主）希望方便、及时且准确地找到泊位以停车，这就要求社区智慧停车物联网基于用户的这一主导性需求而建立。

（2）停车信息资源获取、发布和传递需求

社区车主用户若要找到泊位且享受便捷的停车服务，便需要发布自己的停车需求、查询或者预约附近的合适车位，从而连接到停车管理系统的数据。用户对信息通信的需求与信息通道提供商以信息换取利润的需求相互契合，共同构成服务平台的需求。

（3）停车信息处理需求

社区车主用户发布的需求信息和泊位的资源信息急需一个能够分析、处理信息的平台，以便打破信息不对称的局面，提高资源匹配精度，节省寻找泊位的时间和移动距离。信息处理既是车主用户的衍生需求，也是信息管理者或运营商能够参与该社会活动的基础和能够满足的方面，两者共同构成管理平台的需求。

（4）停车信息与物理实体相连的需求

在停车管理物联网中存在的信息，必须与满足停车要求的具体泊位、停车场乃至社区产生交互，才能真正调用信息所对标的具体泊位，在实际生活中满足社区车主用户的需求，因此这一需求成为传感网络平台参与社区智慧停车物联网的主要需求。

（5）精准感应停车及完成交易的需求

在传感网络平台为车主用户对标具体的泊位后，用户便要在其的指引下，通过摄像头、识别器或者道闸等实现感应，以便使停车信息得到确认，停车业务得到执行，形成智慧停车物联网的运行闭环，这便构成了对象平台的需求。在社区智慧停车物联网中，对象平台是停车信息的采集者，它将感知到的、看到的信息以代码的形式表现出来，促成停车活动的顺利实施。

社区车主用户的需求主导着社区智慧停车物联网的形成，对象平台、传感网络平台、管理平台及服务平台带着各自的需求和功能参与进来，进行信息交互，共同为满足用户的需求而运转。

2. 系统设计

社区智慧停车物联网属于智慧城市社会活动物联网的物质网中的公众网，无论车主用户是自然人（群众）还是组织，大家对停车的需求都是统一的、共通的，因此对系统的设计要求也是一致的。

社区智慧停车物联网是以传感探测技术、信息传感技术、自动化控制技术等多项技术为基础，以实现社区停车管理自动化为目的的物联网。提升社区智慧停车物联网的建设质量，有利于提高停车的自动化水平，从而让社区停车场的运营更加高效、可靠，降低人力成本，提高停车管理的经济性、安全性和有效性。结合上文对社区智慧停车需求的分析，社区智慧停车系统如图6-5所示。

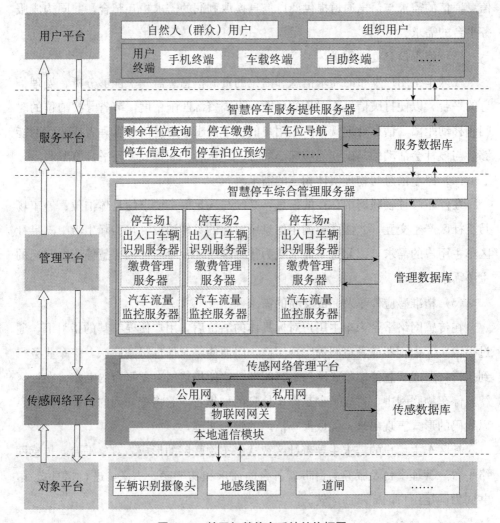

图 6－5　社区智慧停车系统结构框图

（1）用户平台设计

社区智慧停车物联网的用户是车主，车主和智慧停车系统之间联系的桥梁是用户终端设备，包括手机终端、车载终端、自助终端等。用户可通过用户终端与服务平台相连，通过终端接收感知服务信息，并发出服务控制信息。

社区车主用户大多数是在开车途中需要获取停车场信息，移动终端在行车途中具有极大的便利性，因此用户平台主要是针对移动终端 App 来设计，包括 UI 设计及功能设计等。依据车主用户的停车需求，用户平台的设计应注重使界面清晰醒目，提供聚合界面，而且应提供寻找车位、导航、预约、支付等功能。

（2）服务平台设计

智慧停车物联网中的服务平台通过服务通信技术集成实现停车服务方式的便捷化、服务内容的多样化。服务平台能够发布和传输用户的停车需求信息（用户控制信息），接收感知管理信息。服务平台设计有智慧停车服务提供服务器、服务数据库等物理实体，可作为连接用户平台的通信接口，用于提供剩余车位查询、收费标准查询、车位预约、缴费等服务。

服务数据库的作用是辅助管理数据库储存数据，通过智慧停车服务提供服务器直接向用户提供信息服务。服务数据库所储存的信息一般是与当前时间较为接近的或与车主密切相关的信息，包括当前停车场车位剩余数量、车辆数量、车主账户信息等。当用户发起查询操作时，服务数据库可以实时将信息呈现给用户，让用户得以及时对停车行为信息做出判断，包括停车场选择、车位选择等。

服务数据库中的信息并不适合全部提供给用户，应根据用户指令做出计算处理和筛选。智慧停车服务的实现需要以服务数据库中的信息为基础，通过计算处理得到用户终端设备能够解析和重新编译的信息，以实现智慧停车的各种智慧服务，这些信息也需要在服务数据库中进行记录、保存、备份。

智慧停车服务提供服务器中设有用户 App 后台管理服务器和用户 Web 后端服务器，能对接入的用户终端进行认证、鉴权等管理，防止非授权用户终端设备获取车主停车时间、停车时长、泊位地址、车牌号等信息，降低停车信息外泄的风险。

（3）管理平台设计

社区智慧停车物联网中的管理平台对整个物联网进行统筹管理，可对车辆信息以及停车场信息进行管理和展示，同时能够对智能用户终端和对象终端进行授权、增删等管理工作，将接收到的感知传感信息和服务控制信息分别转化为感知管理信息和管理控制信息。管理平台设计有管理数据库、智慧停车综合管理服务器等物理实体，可实现车辆识别、进出管控等。

管理数据库存储社区智慧停车物联网的所有信息。一般社区内会存在多个停车场，包括小区内停车场和小区外停车场，可能归不同单位运营管理。为了车主停车信息查询和检索的便利性，这些信息均由管理数据库统一存储，包括停车场信息、车位坐标信息、智能终端采集的视频/图片信息等，实现对属于不同主体、采用不同数据结构的停车信息的集成和存储。

如上所述，社区内一般存在多个停车场，分别由不同的管理主体运营，均具有自己的管理服务器，分别负责不同停车场的运营管理，停车场各种感知器传输过来的车辆识别信息、车流量信息、缴费信息等均在接入管理数据库后，再传输给智慧停车综合管理服务器进行解析、计算等处理，然后统一由管理数据库进行存储。

社区智慧停车物联网管理平台中设计的智慧停车综合管理服务器有以下两方面的作用。一方面，停车涉及车辆号牌、车主手机号、停车时间、车辆照片等多种信息，智慧停车综合管理服务器可通过身份验证、去实名化、打码等技术手段实现对车主敏感信息的可靠保护。另一方面，智慧停车综合管理服务器可对一些事件信息进行自动控制，如汽车付费抬杆、工作人员车辆免费入场等。

（4）传感网络平台设计

社区智慧停车物联网中的传感网络平台是行使传感通信功能的平台，设计有各等级的传感通信物理实体、传感数据库和传感网络管理平台，负责接收对象发出的感知信息和传递控制传感信息。传感网络平台利用的通信技术同样包括两种：公用网和私用网，在此不再赘述。

传感网络平台中设置的传感数据库用于存储传感数据。传感数据库一般是对设备数据（包括对象设备列表及其属性、功能、地理位置等）和传感数据进行统一存储、统一汇集。相对于管理数据库，其起到的主要作用类似于缓存，保存的大多是最近时间内的停车信息。

传感网络管理平台是对传感通信进行统一管理的平台，管理内容包括对象设备入网注册和注销管理、通信列表管理、链路及路由管理、网络管理、接口管理等。

（5）对象平台设计

社区智慧停车物联网中的对象平台是各种停车感知和控制设备的集合，包括车辆识别摄像头、地感线圈、道闸等，负责收集信息源所发出的信息，通过有线或无线的方式与传感网络平台通信模块连接，向传感网络平台发布对象感知信息，并接收其传输的信息，实现对停车场和车辆的有效管理。

3. 实施效果

按照上述结构设计社区智慧停车物联网的五个功能平台，可以提升停车的智慧程度，实现以下具体效果。

(1) 信息对称，便于智能找泊位

泊位是一种资源，当社区的泊位信息在社区智慧停车物联网的数据库中集于一体时，能够方便社区车主用户在空间上实现共享、在时间上合理错开，使社区智慧停车物联网及时、有效地满足车主的日常停车、错时停车、泊位租赁、反向寻车、泊位导航等需求。

(2) 管理更精细、高效

实时进行车辆识别、进出管控、汽车流量监控，并对一些事件信息进行自动控制，如汽车付费抬杆、工作人员车辆免费入场等，提高停车全流程的智能化程度。

(3) 信息安全性高

社区智慧停车物联网统一存储信息，对接入的用户终端进行认证、鉴权等管理，并通过身份验证、去实名化、打码等技术手段对车主敏感信息进行可靠的保护，防止停车信息外泄。

(4) 停入泊位更方便

各个停车场的出入口车辆识别服务器能够准确且快速地识别车辆，车位导航、诱导系统等能够指引车辆到达合适的泊位。这样，一则保障车辆快速通行，进出停车场耗时较短，所需停车管理人员减少；二则匹配特殊泊位，比如宽大车型泊位、新手司机泊位、充电桩泊位等多样化、个性化的消费升级服务；三则使同样的空间内停入更多车辆，提高车位的使用率。

(5) 用户与停车运营商双赢

车主用户的服务体验得到提升，享受寻找车位、导航、预约、支付等一体化服务，便捷、自动地缴停车费，如遇撞杆、设备故障等问题时也能及时被感知，并经由数据库的比对分析，进行可靠的判断。

停车运营商通过停车共享，可以提高泊位资源的利用率，降低运营、管理成本和人员成本，减少漏收停车费的情况，以高品质的服务积累更多优质用户。

(三) 社区公用事业管理

公用事业是所有居民的生活必需品，社区公用事业管理的质量直接影响居民的生活质量和水平。百姓自古便有"不患寡而患不均，不患贫而患不安"（《论语·季氏》）的思想，现代居民更是重视公共服务的均等化、公用事业的平等供给。

下面介绍公用事业所涵盖的内容。

公用事业包括但不限于供水、电力、煤气、热力等居民共享的资源。在世界银行的定义中，公用事业是经济性基础设施中的一部分，包括水电气热、电信、环境卫生设施和排污系统、垃圾收集和处理等内容。公用事业较为普遍的分类为：

（1）环境卫生、安全事业，如垃圾清除、污水处理、防洪、消防等；

（2）交通运输事业，主要是公共旅客（交通）运输，如地铁、电车、公共汽车、出租汽车、停车场、索道、道路、桥梁等；

（3）自来水、电力、煤气、热力的生产、分配和供应；

（4）其他公共日常服务，如文化体育场所、娱乐场所、公园、房屋修缮、邮政通信、墓地等。

在这些类别里，环境卫生、安全事业在社区智慧安防系统中有所涉及，交通运输事业在社区智慧停车系统中有所体现，而水电气热与居民生活的密切程度高于其他日常公共服务，所以此处着重阐述与居民日常生活息息相关的水电气热公用事业。

1. 需求分析

居民对自来水、电力、煤气、热力的需求源于基本的生存需求，属于共通的物质需求。因此，水电气热公用事业指向社区物质需求物联网的公众网。

（1）安全、均等化、多样化、智慧化地享受公用事业服务

社区公用事业物联网基于用户安全、均等化、多样化、智慧化地享用公用事业服务这一主导性需求而建立。

水电气热几乎成为居民每一天的生活必需品，这类公用事业的供应具有体量大、成本不低、涉及用户众多、有较高的技术性和安全性要求等特点。由于公用事业几乎涉及全体社区居民，水电气热四种物质本身具有一定的危险性，因此保障人民生命财产安全是对水电气热公用事业供应的最基本的要求。不存在用电危险、燃气泄漏等隐患的社区才能让居民放心地居住。在满足基本的安全需要的前提下，公用事业用户便衍生出更高层次的需求——公用事业的服务均等化，体现出公平性，社区居民都能充满获得感、不存在剥夺感；公用事业的供应更加便民、惠民、利民，满足公用事业用户的多样化需求；在技术、效能、成本等方面都越来越令人满意，给用户带来智慧化的体验。

与社区智慧停车物联网一样，公用事业用户不会直接表明，但却间接和潜在地具有社区公用事业物联网良好运行的需求，即要求该物联网具备完整性，进而

公用事业用户的需求可以拆分成获取、发布和传递公用事业信息的需求，分析、处理、管理和匹配公用事业信息的需求，智能调用信息所对标的具体公用事业设施的需求，配置公用事业资源、完成交易的需求。

（2）公用事业信息资源获取、发布和传递需求

公用事业服务要达到智慧化的效果，需要做到信息的发布、查询、处理、交换快速且准确，具备智能实体且信息感应迅速等。

公用事业用户若要实时查询、了解甚至监控家中的水电气热数据情况，便需连接储存水电气热数据信息的数据库。用户对公用事业信息通道的需要与公用事业信息通道提供商以信息换取利润的需求相互契合，共同构成服务平台的需求。

（3）公用事业信息处理需求

公用事业用户要先了解水电气热公用事业中的各种信息是否存在异常，这样才能防患于未然，减小甚至逐步消除使用风险。水、电、气、热四种公用事业资源涉及多种零碎的信息，如使用量、余额、水质是否达标等自来水信息，电费、用电量等电力信息，输差、气压、流量等燃气信息，暖气量、温度感应、余额等热力信息。面对如此庞杂而零散的居民公用事业信息，快速、准确且及时的处理和判断能够较大限度地方便居民的生活，提醒居民缴费，帮助居民避开风险和隐患。故而信息处理需求成为管理平台的主要需求和参与公用事业物联网的动力。

（4）公用事业信息与物理实体相连的需求

公用事业的管理平台和对象平台之间需要通信、数据库、信息搜索等技术来构建信息传输通道，将公用事业信息与物理实体相连，传感通信便成为传感网络平台参与社区公用事业物联网的主要需求。

公用事业传感通信提供商可以在提供传感通信服务的过程中实现自身的商业价值和增值价值，这是其原始动力，也是提供商在该物联网之外想要得到满足的需求。

（5）精准感应及完成交易的需求

水电气热公用事业的供应与环境有着密切的联系，例如天气和温度可以影响供电、供气、供热的需求量，这就要求水电气热的智能终端能够敏捷地感应外部的信息源，快速生成基础信息。也只有具备快速感应的功能，才能及时发现水电气热的异常损耗，帮助公用事业用户防范使用风险。精准感应便成为对象平台的主要需求。

2. 系统设计

社区公用事业管理的主要目的是满足社区居民在公用事业领域的需要，尽可

能地为居民提供他们所需的服务。社区公用事业物联网具有社区居民共享特征，属于智慧城市社会活动物联网的物质网中的公众网，在社区范围内，公用事业服务最集中的业务为水、电、气、热等方面。

得益于信息技术的快速进步和应用，公用事业管理已由传统的人工管理转向自动化控制管理，解放了人力。通过整合水、电、气、热业务管理，优化业务流程，能有效降低能源运营管理成本，有利于公用事业管理水平和服务水平的提高。结合本书上文对社区公用事业需求的分析，现以物联网思想为指导，以信息感知、传感等技术为手段，设计社区公用事业物联网的整个系统（如图6-6所示）。

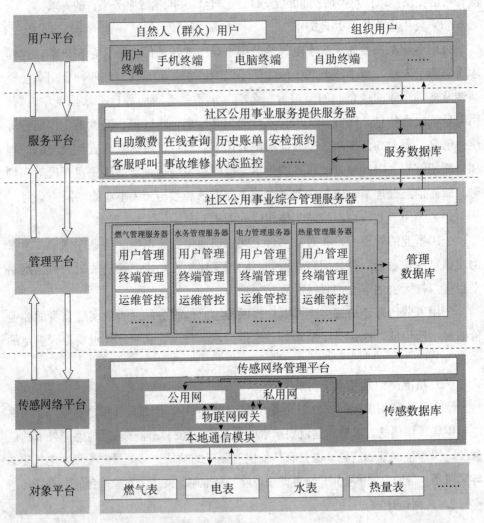

图6-6 社区公用事业系统结构框图

（1）用户平台设计

社区公用事业物联网的用户是社区全体居民，用户平台设计有手机终端、电脑终端、自助终端等用户终端系统或软件。

用户终端系统或软件（App、微信公众号等）是连接人和信息体系的桥梁。用户在登录社区生活服务 App 或相应的微信公众号后，点击进入公用事业管理界面，提供个人用户、组织用户以及后台管理者等人员的注册和登录模块，通过与下述服务平台的接口连接，实现自助缴费、在线查询等功能。

（2）服务平台设计

社区公用事业物联网中的服务平台为用户终端提供服务接口，可实现公用事业服务的远程化管理。服务平台设计有社区公用事业服务提供服务器、服务数据库等物理实体，用于提供账单查询、缴费、使用帮助等服务。

服务数据库用于存储服务信息。针对社区公用事业，总有一部分数据是用户频繁查询的，如账单信息、价格信息等，这类信息会存储于服务数据库，用于支持用户快速查询。服务数据库所储存的信息是管理数据库信息的一部分，是管理平台传输给服务平台的可以向用户提供且服务于用户的信息。

社区公用事业服务的实现需要以服务数据库中的信息为基础，利用服务数据库的信息以及服务平台的计算资源，将信息转化、变形处理，以自助缴费、在线查询、历史账单、安检预约、客服呼叫、事故维修、状态监控等功能的形式提供给用户。

社区公用事业服务提供服务器中设有用户 App 后台管理服务器和用户 Web 后端服务器，能对接入的用户终端进行认证、鉴权、删减等形式的管理，将正确的服务信息提供给相应的用户，降低用户个人信息、公用事业资源使用信息外泄的风险。

（3）管理平台设计

社区公用事业物联网中的管理平台设计有管理数据库、社区公用事业综合管理服务器等物理实体，可进行用户管理、终端管理、运维管控等管理活动。

管理数据库存储着物联网中的所有信息，包括但不限于水、电、气、热等终端设备生成的原始信息，燃气管理服务器、水务管理服务器、电力管理服务器、热量管理服务器等对原始数据计算处理后的信息，以及用户的操作记录等信息，均由管理数据库统一存储，以实现对公用事业信息的共享检索、查询和调用，取得一次登录、全面管理的效果。

燃气管理服务器、水务管理服务器、电力管理服务器、热量管理服务器等分别用于对燃气、自来水、电力及热能供应等业务信息进行专业处理，对用户、终端以及系统进行管控和权限设置，实现多种角色的权利分配。各公用事业管理服务器运行过程中生成的信息统一接入管理数据库并存储于其中。

管理平台中的社区公用事业综合管理服务器统一接入用户所需的终端信息和用户下发的控制信息。社区公用事业所涉及的信息大多数是与用户切身利益相关的信息，如身份信息、能源使用信息（使用时长、时段）等，这些信息需先经由社区公用事业综合管理服务器的验证、过滤、脱敏等处理，再向用户提供或向下传输。

（4）传感网络平台设计

前文已对传感网络平台采用的通信技术进行了介绍，在此不再赘述。针对社区公用事业自身的特性，在采用上述传感网络架构的基础上可以进行些许改进，以使公用事业传感网络平台更加高效地运行。

水、电、气、热公用事业是社区居民用户日常生活所需的主要资源，以传感网络设备为基础，通过软件升级，实现对水、电、气、热等计量仪表中的信息分别集中采集和管理，实现公用事业的智能化运营管理和服务，解决用户缴费难题，同时缓解各公用事业服务公司分散管理而造成的人力投入多、重复建设传感网络平台等资源浪费问题。

（5）对象平台设计

社区公用事业物联网中的对象平台是水表、电表、燃气表以及热量表等设备的集合，为社区居民提供供应。与传统仪表相比，当前能源仪表具有多种智能功能，能够在管理和能源使用方面为公用事业运营者和能源使用者带来很大的便利。同时，能源仪表通过集成各种感知功能，可以实现对自身状态的感知，并进行自我修正、自我控制等自动控制活动。

3. 实施效果

社区公用事业按照上述物联网结构来设计系统并实施，在水务以及燃气、电力、热力等能源方面可以取得提升效率、降低成本、增加产出等效果。计量表计的智慧化是其发展的方向，NB-IoT 由于具有广覆盖、多连接、低功耗、低成本等四大特点，是运用社区公用事业物联网的典型代表。

社区公用事业物联网的施行可有效解决公用事业的多个问题，效果如下：

（1）方便居民结算

可提供精准的计量和水、电、气、热流量的异常监控，有效解决因设备故障导致的结算问题，避免人工抄表错误，减少结算纠纷，使社区居民无费用错误的担忧；同时缩短管理周期，便于居民和公用事业提供商追踪和还原历史用水、用能状况，为公用事业供应单位提供增值服务创造了机会。以分布式资源便捷地满足用户的多样化需求，可使用户获取水力、能源市场信息，实现广域资源最优配置、互联互通、充分共享。

（2）防止漏损

大规模应用智能终端可实时监控漏损，解决因设施故障导致的漏损问题，如管网漏损等物理漏损、表计设备存在计量误差等表观漏损问题，降低公用事业提供商的产销差。

（3）优化管理

每天高频次采集数据的能力可使公用事业提供商对所有设备的运行状况了如指掌，从而大大降低人工管理成本，提高管理效率，解决因人工费用上升导致的运营成本问题，节能、高效、自动化供应水和能源，促进公用事业提供商的可持续发展，实现公用事业的智慧化服务。

（4）提高使用安全和信息安全

①能源使用安全

社区公用事业物联网可保证能源输配可靠且安全以及能源装备和储能的安全，集中采集和管理信息并进行实时监控，减少能源传输和储存中的耗损，降低成本，保证能源使用效率的最大化。

②信息网络安全

该系统可以使信息互联和共享过程中的各个环节在智能监控的基础上得到安全保障和及时的危机处理。

（四）社区智慧物流

随着经济的快速发展，人们的生活方式、消费观念、交易方式的更新与改变，社区居民对社区物流提出了自身的需求。智慧物流不仅提升了生产效率，还降低了生产成本，解决了传统物流不能解决的问题，为物流行业和电子商业发展提供了更多机遇，也为社区居民的生活提供了方便而快捷的服务，是智慧社区的重点建设项目之一。传统的物流是被动服务，实行人工控制与单一环节的管理，无统一服务标准。传统的物流服务存在效率低、人力成本高、管理不完善等问题。

在政府大力进行智慧城市建设的大背景下，城市物流越来越成为不可或缺的服务产业。物联网技术、人工智能、区块链技术在物流领域的应用也呈爆发式增长，推动了智慧物流产业的兴起。智慧社区是智慧城市的一个有机组成部分，智慧物流的建设直接影响了智慧城市各个行业的运行；智慧社区与智慧城市是点与面的关系，智慧物流建设是以点带面，推动智慧城市基础设施建设的主要内容。

传统的物流系统的流程是从制造商经储运企业到批发零售企业再到消费者。传统物流中存在一些明显的弊端。传统的物流系统供应链不是特别畅通，某一个部位或者某一个环节出现问题后整个物流供应链便停摆，即出现短路。传统的物流系统库存成本比较高，物流系统的反应速度比较慢，导致成本也相应提高，物流部门各自为政，不能互相配合，使得物流成本不好控制。物流的主要精力集中在仓储和运输方面，没有涉及整个供应链的反应速度。而以物联网体系为基础的智慧物流系统更加注重物流系统的智能化、柔性化、一体化、社会化，在一个综合管理系统框架下，以感知、传感、控制等技术为支撑，对社区智慧物流系统进行统一设计，实现对社区物流信息资源的统一管理，为社区居民提供更加集成化、高效化、现代化、系统化的服务。

1. 需求分析

经济的高速增长和电子商务的飞速发展对现有的物流提出了新的挑战，社会对现代物流的需求量也越来越大。在当前的社会环境中，物流需求市场潜力大，社区物流有较大的发展空间。

（1）用户的智慧物流需求

社区物流的高效快捷是提高社区居民用户居住体验与生活水平非常重要的一环。用户希望能够利用社区智慧物流系统，方便快捷地获取系统管理、快递收投、物流状态、商品配送、仓储管理等信息，并及时安全地办理投寄业务。社区居民对社区智慧物流的切实需求主导了社区智慧物流物联网的组建。

（2）物流信息获取、发布和传递需求

社区居民在经历了传统物流的单一、低效率、高成本、信息获取滞后的阶段后，需要凭借服务平台的应用，实现社区智慧物流服务功能的集成，通过一次接入，及时、高效、快捷地获取物流信息。为了向社区居民提供优质的物流服务，社区智慧物流物联网服务平台需要集成状态查询、快递跟踪、配送预约、投递预约、位置提醒、时效查询、客服呼叫、投递告知等多种服务接口，以满足社区居民的主导性需求。

（3）物流信息管理需求

物流信息庞大冗杂，需要一个平台来进行统一的管理。社区智慧物流物联网的管理平台在社区智慧物流中起着核心管理作用。一方面，管理平台需要通过建设社区智慧物流综合管理服务器来接入不同物流企业的管理服务器（物流企业1、物流企业2、物流企业3等），以实现社区物流的系统、全方位管理，实现物流信息的统一管理；另一方面，管理平台需要内设物流信息管理数据库，外联云平台，实现物流信息的传输、计算、查询，使信息价值最大化，有效保障社区物流事项运行的及时性、灵活性和精确性。

（4）物流信息与物理实体终端相连的需求

在社区智慧物流物联网中，传感通信平台实现了物流信息与物理实体的交互，物理实体所感知到的物流信息需通过传感网络平台进行输入与传递，最终才能让管理平台和用户知晓并使用。

（5）感知并提供物流信息的需求

物联网对象平台是各种商品信息的集合，其参与物联网可满足用户方便、快捷地获取商品物流信息的现实需求。对象平台的运行是对商品物流信息进行采集、处理、分析、应用、存储和传播的信息基础，也是使物流信息从分散到集中、从无序到有序的过程，同时也是保证物流信息可得性、及时性、准确性、集成性、适应性、易用性的重要一环。

2. 系统设计

随着信息产业的快速发展，人们对物流自动化的需求越来越高，国内涌现出了一大批主流的物流企业。社区物流作为物流的终端之一，成为众多物流企业布局的重点领域。社区居民所需的耐用品、快消品等均属于社区物流服务的范围，其最直接、最重要的任务是适应社区用户的消费方式，服务社区居民。

传统的社区物流是不同物流企业分别根据各自的订单向社区居民配送，自己建设物流信息系统，物流信息比较封闭、无法共享，用户要分别登录不同的系统来查询自己的物流信息，存在漏件的可能。当前，网购的兴起使社区物流具有小批量、多频次、用户分散的特点，这为传统的社区物流模式带来了巨大的冲击和负担，因此兴起了针对社区物流（终端物流）"共同配送"的概念，例如"菜鸟驿站""妈妈驿站""小兵驿站"等。采用"共同配送"模式的社区由多方物流企业主导建立物流配送系统，实现配送信息的统一接入和管理，从而进一步实现配送信息标准化、配送区域化以及服务集中化。结合本书上文对社区智慧物流服务需求的分析，社区智慧物流系统如图6-7所示。

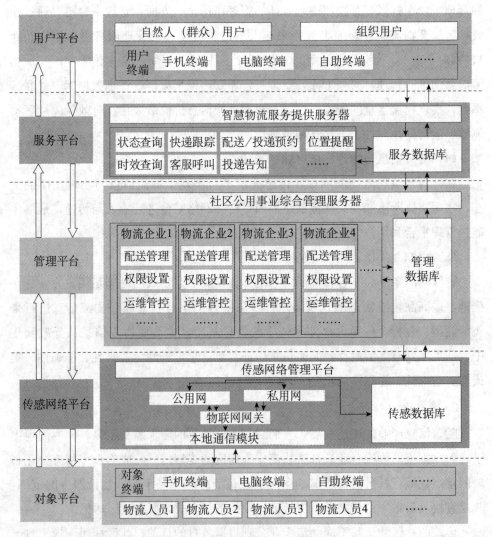

图6-7 社区智慧物流系统结构框图

（1）用户平台设计

社区智慧物流物联网的用户是全体社区居民及其所用的用户终端设备，包括手机终端、电脑终端、自助终端等。

用户通过终端软件 App（或相应的微信公众号）注册/登录社区智慧物流服务的用户界面，通过与服务平台接口连接，实现物流信息查询，包括发货时间、时效、预计到达时间、收货地址等。同时，通过用户终端，用户可以发起相应的业务，如寄件、退件、签收确认等。

（2）服务平台设计

社区智慧物流物联网中的服务平台为用户终端提供物流服务接口，可向被授权的用户提供相应订单的物流信息，并接受用户的远程化下单、付费、退单、评价等操作。服务平台设计有社区智慧物流服务提供服务器、服务数据库等物理实体，用于支撑物流服务的实现。

服务数据库存储的服务信息是专门用于向用户提供各种物流服务的信息。针对社区智慧物流，账户信息、单价信息、订单信息、取件地址等需要在得到用户请求后及时向用户提供。这些信息存储于服务数据库中，可支持用户快速查询，享受物流服务的便捷化。

物流服务信息众多，智慧物流用户无法理解服务数据库中原始信息的含义，需要对信息进行归类、转化、变形等处理后，以状态查询、快递跟踪、配送/投递预约、位置提醒、时效查询、客服呼叫、投递告知等功能服务信息的形式保存在服务数据库中，在得到用户的合法请求信息时提供给用户。

社区智慧物流服务提供服务器中设有用户 App 后台管理服务器和用户 Web 后端服务器，能对接入的用户终端进行认证、鉴权、删减等管理。社区智慧物流服务提供服务器除可直接向用户展示其在社区智慧物流系统下单的物流服务外，还可以以用户身份信息、手机号信息等为依据，向用户推送电商或其他平台的物流订单状态信息，保障物流信息及时提供给正确的用户，同时降低用户个人信息外泄的风险。

（3）管理平台设计

社区智慧物流物联网中的管理平台设计有管理数据库、智慧物流综合管理服务器等物理实体，可提供配送管理、系统权限管理、运维管控等管理活动。

管理数据库可存储社区智慧物流物联网系统所有管理信息和业务信息。用户通过终端登录系统的查询和操作记录，物流人员通过对象终端的物流信息录入、订单查询、各物流企业对系统角色的授权信息等统一由管理数据库保存。

一般社区有多个物流企业入驻，各物流企业分别针对自家的物流订单、物流人员、用户进行统一的管理，各家的配送、系统权限设置等也根据自身情况自主安排，在保持社区智慧物流统一管理的同时给予各物流企业自身管理一定的自主权。各物流企业的物流管理信息在保障商业秘密的前提下接入管理数据库存储，实现社区智慧物流一端登录便可进行物流信息的全面管理。

管理平台设计有智慧物流综合管理服务器。社区智慧物流服务涉及用户和物流人员的姓名、手机号、住址、活动轨迹等信息，这些信息在向服务平台传输之前，需要匿名化处理，实现个人敏感信息的可靠保护。用户在下单时，可根据物流企业的历史评价情况，对物流企业、取件的物流人员等进行自主选择，同时也可以通过算法，根据用户要求由智慧家政综合管理服务器向物流人员配单（用户可选择接受或不接受）。

（4）传感网络平台设计

社区智慧物流物联网中的传感网络平台是物流人员与管理平台交流的信息通道，其传感网络架构的各应用之间大同小异，不再赘述。需要说明的是，传感网络管理平台部署的传感网络管理服务器可以与服务平台的智慧物流服务提供服务器相同，但在具体业务上进行功能隔离，实现对用户终端和对象终端的差异化处理。

（5）对象平台设计

社区智慧物流物联网中的对象平台是物流人员与对象终端的集合。雇员可通过手机终端、电脑终端、自助终端等登录管理平台，进行物流业务的信息录入、订单确认等操作。

3. 实施效果

（1）打造物流产业合作新模式

通过用户平台、服务平台、管理平台、传感网络平台、对象平台打通社区智慧物流物联网，不但满足了社区居民线上购物的物流服务需求，还能打造出良性循环、高效、人性化的物流产业合作新模式，实现多方合作共赢的局面，助力智慧城市的建设。

（2）优化社区物流服务资源

借助信息化网络服务平台、管理服务器、数据库以及用户终端对物流企业的服务规范和质量进行监督考核，从而达到优化物流服务资源的目的，提升社区物流的智慧化水平。

（3）规范社区物流服务主体

管理平台通过统筹管理为社区居民提供便捷、高效的服务，从而规范了社区物流服务市场，有利于提升和完善社区物流服务行业整体水平及客户体验，促进社区智慧物流物联网体系的高效运行，形成一个完整的闭环。

（五）社区智慧家政

随着我国国民经济建设的蓬勃发展和具有中国特色社会主义市场经济体制的迅速完善，各个行业都在积极使用现代化的手段，不断改善服务质量，提高工作效率。"互联网＋"时代的到来使得家政服务业也迎来了新的发展机遇。社区是居民生活的主要场所，家政服务是提高社区居民生活质量所关注的重点之一。

作为服务行业的社区家政正在迅速发展，并将迎来大好的发展机遇。在中国中产阶层崛起、消费升级的背景下，传统社区家政服务的短板日益凸显：缺乏专业的服务平台，信息零碎且不易管理，家政服务后期缺乏跟踪，难以形成良好的客户口碑，不利于二次开发。总体来看，社区服务能力和服务专业度均有待提升，同时线上家政平台和线下家政公司基本采用半闭环信息中介方式，难以满足消费者对于高品质家政服务的内在需求。当家政公司的客户较少时，尚能较好地安排员工为客户提供服务。但当客户较多时，对客户信息及员工信息的管理会花费大量人力和物力，结果往往不理想。比如，不能及时更新客户联系信息，导致无法及时地联系客户，更甚者会失去客户。其次，传统社区家政在对客户的服务进行计费、对员工的工作进行计酬方面往往存在着分歧。因此，建设一个科学高效的信息管理系统是解决这一问题的必由之路。

组建社区智慧家政物联网的主要目的就是加强对客户资料及其服务情况的管理。一方面，可以通过对客户信息及服务的跟踪，掌握员工的服务情况，收集客户意见，从而有针对性地开发新的家政服务项目。另一方面，通过物联网智慧家政服务管理系统，可以使社区家政管理工作系统化、规范化、自动化、简易化、智能化，从而提高家政服务管理效率。智慧社区作为智慧城市建设的重要组成部分，社区家政的服务质量直接影响着居民在社区的舒适感和幸福感，乃至在城市中的认同感和归属感，影响着智慧城市的建设效果。社区家政也需要用智慧的方法进行建设和管理。

传统的社区家政服务仅仅包括商家信息、家政服务等内容，与社区居民的信息反馈、后期维护、高效管理是分开的。从物联网的角度来分析，传统的社区家政服务是一个半闭环，信息与服务都没有形成完整畅通的运行方式。智慧家政提出了社区服务领域的全生命周期管理理念和全域覆盖新模式。以物联网体系为基础的社区智慧家政系统更加注重家政系统的系统化、规范化、自动化、简易化、智能化，在一个综合管理系统框架下，以感知、传感、控制等技术为支撑，对社区智慧家政系统进行统一设计，实现对社区家政信息资源的统一管理，为社区居民提供标准化、极致化的家政服务，实现社区家政的一体化、标准化、人性化、高效化管理，为社区居民提供舒适的生活环境。

1. 需求分析

家政服务的产生与发展源于巨大的市场需求。随着经济的发展和社会的进步，人们在提高生活水平的同时，对社会服务的需求不断加大。在社区里，越来越多的家庭要求企业提供形式多样且服务优质的家政服务。这种需求既是客观压力的结果，也是人的社会生活和主观意识使然。

而且，随着生活质量的提高，生活越来越丰富，也越来越复杂，家庭的需求趋于多样化，在传统家务相对加重的情况下，家务的内涵还在不断扩大。家庭和社会日渐紧密的联系使得传统的家政服务无法满足社区居民的需求。因此，社区智慧家政应运而生。

（1）用户的智慧家政需求

社区居民对家政的需求是基于经济的快速发展和社区居民的生活水平提高而形成的一种对提升生活质量的需求。在信息需求方面，用户希望能够利用社区智慧家政物联网，在保护自己隐私的情况下方便快捷地获取家政公司的服务数据；在服务需求方面，社区居民希望能够通过手机、电脑、自助终端等设备，及时反馈服务质量，并希望家政公司提供一体化、人性化的服务，期望通过社区智慧家政物联网的运行，提高社区生活的舒适度。社区居民对社区智慧家政的切实需求主导了社区智慧家政物联网的组建。

（2）家政服务信息的发布和传递需求

社区居民在经历了传统社区家政低效率、半闭环的信息传输过程后，需要凭借服务平台的应用，实现社区智慧家政服务功能的集成，通过一次接入，实现多种家政需求的表达，同时享受多种家政服务。为实现向社区居民提供优质的家政服务，社区智慧家政物联网服务平台需要集成服务信息查询、服务信息发布、服务预约、在线缴费、服务评价、客服呼叫、投诉等多种服务接口，其所提供的服务与社区居民的主导性需求相匹配。

（3）家政服务信息与售后服务的管理需求

社区智慧家政物联网的管理平台在社区智慧家政中起着核心管理作用。一方面，管理平台需要通过建设社区智慧家政综合管理服务器来接入不同家政管理子服务器（家政服务企业 1、家政服务企业 2、家政服务企业 3），以实现基础信息管理、个性化服务信息管理、服务评价管理等，保证社区家政的全方位管理，实现家政数据的统一接入和储存。另一方面，管理平台需要内设管理数据库，外联云平台，实现家政信息的共享，使信息价值最大化，有效保障社区家政事项运行的可靠性、及时性。

（4）家政服务信息与物理实体终端相连的需求

在社区智慧家政物联网中，传感网络平台是实现家政公司服务信息与物理实体终端相交汇的一个接口。该平台为实际感知的信息与需求信息的匹配提供了一个重要渠道，也为用户对家政服务质量的后期评价、家政公司对家政服务的后期服务提供了一个通道。

（5）家政服务实施的需求

在社区智慧家政物联网中，对象是家政公司所提供的各项家政服务。家政服务的具体实施在这一平台完成。该平台也是最终作为用户评定家政服务质量的依据。因此，该平台不仅是家政服务的实施平台，也是提供家政服务完成情况的信息源。

上文对社区智慧家政物联网各功能平台的需求进行了具体分析，社区居民用户的主导性需求的实现是社区智慧家政物联网各功能平台共同运行的结果，而满足用户主导性需求的过程同样是满足其他功能平台参与性需求的过程。智慧家政物联网提升了参与智慧社区的家政企业的服务能力，基于生活服务场景的精准数据，为智慧社区导入更为丰富舒适的家政服务，全面助力智慧城市的建设水平。

2. 系统设计

社区智慧家政物联网属于智慧城市社会活动物联网的物质网中的游离网范畴，不同的人或单位对家政服务的需求是个性化的，需要社区智慧家政服务系统能够提供全面、丰富且充分自主的家政服务。例如，家政服务企业可通过会员制，向会员和非会员用户提供差异化的服务，这些差异可以是服务项目的差异（在提供基础服务的基础上，允许会员定制），也可以是所派雇员服务能力的差异等。

社区智慧家政物联网系统集通信、软件开发、运维等技术为一体，改变传统家政服务管理模式和信息发布模式，降低人力成本，依托信息技术实现更方便、更高质量的家政服务。结合上文社区智慧家政需求的分析，社区智慧家政物联网系统如图6-8所示。

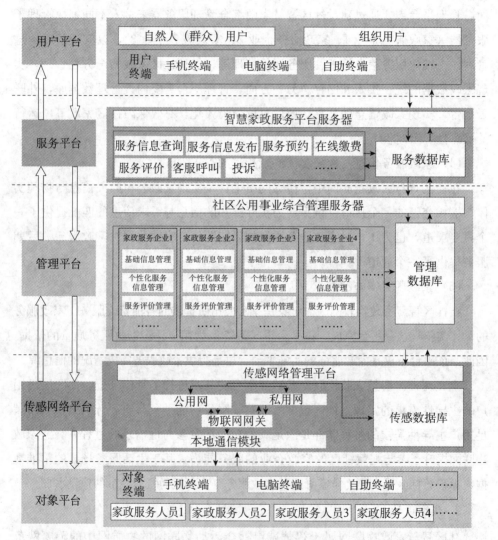

图6-8　社区智慧家政系统结构框图

（1）用户平台设计

社区智慧家政物联网的用户通过各种终端设备参与到社区智慧家政物联网中，既是物联网的发起者，也是家政服务的享受者。当用户需要家政服务时，用户期望通过内置于用户终端设备中的信息系统实现家政服务相关内容的获取。

用户终端信息系统要具有用户管理、项目查询、自定义项目定制、下单、支付、订单查询、评价等几个功能模块，实现各模块功能所需的信息由服务平台提供。通过用户终端信息系统，用户不仅可下单，还能根据信息系统发布的家政服务企业信息、人员信息寻找合适的家政服务人员，实现对服务人员的把控和审核，确保服务人员的专业能力和综合素质。

（2）服务平台设计

智慧家政服务平台通过服务通信技术集成实现信息发布、服务下单的便捷化，服务内容的多样化，服务的高质化。服务平台设计有智慧家政服务提供服务器、服务数据库等物理实体，通过向用户平台提供通信接口，为用户提供服务信息查询、服务预约、在线缴费等服务。

服务数据库用于存储服务信息，可直接向特定用户展示信息，如账户信息、历史订单信息等。服务数据库中存储的信息多是离当前时间较近的信息，包括当前可提供服务的家政服务人员数量、家政服务人员可上门服务的时间等，当用户发起查询操作时，这些信息均可实时呈现给用户，由用户及时根据自身需求作出选择。

服务数据库中的信息均以统一的方式存储，若不能正确解析，信息就仅仅是信息，无法发挥其应有的功能。因此，服务库中的信息还应被解析、重新编译，以可实现的功能为依据进行归类，分别以服务信息查询、服务信息发布、服务预约、在线缴费、服务评价、客服呼叫、投诉等方式在服务数据库中被记录、保存，实现信息检索的便捷、准确。

智慧家政服务提供服务器中设有用户 App 后台管理服务器和用户 Web 后端服务器，能对接入的用户终端进行认证、鉴权等管理，可对用户请求作出响应，满足用户对信息的浏览、下载、操作、输入等需求。

（3）管理平台设计

社区智慧家政物联网的管理平台对社区家政服务进行统筹管理，满足用户和雇员之间的双向选择需求。同时，社区智慧家政物联网能够对用户和对象终端设备进行管理、监控，对信息作出决策。管理平台设计有管理数据库、智慧家政综合管理服务器等物理实体，可提供任务管理、信息管理、设备管理、人员管理等功能。

管理数据库中存储家政服务的原始信息和计算处理后的信息，囊括了物联网运行所需的所有信息。为了便于家政服务信息查询和检索，不同家政服务企业的信息统一接入管理数据库，在实现信息集成共享的同时，实现家政服务的合作和竞争，提高家政服务质量。

社区内可能存在多个家政服务企业，每个家政服务企业均具有自己的管理服务器，对自身的运营管理负责。多个家政服务企业的接入能够起到竞争增益，激励家政服务企业提供更加全面、丰富、高质的家政服务，其对基础信息、个性化服务信息、缴费信息等的管理等将更加高效。服务器对信息的管理过程也是对信息的计算处理过程，信息经服务器解析、计算等处理后，再统一由管理数据库进行存储。

社区智慧家政物联网的管理平台设计有智慧家政综合管理服务器。一方面，家政服务涉及用户和雇员的姓名信息、手机号信息、住址信息等，在用户和雇员交易未达成之前，这些信息不适合直接向对方公开，需要匿名化处理，智慧家政综合管理服务器可通过去实名化、打码等技术手段实现对双方敏感信息的可靠保护。另一方面，用户可通过智慧家政综合管理服务器选择雇员并下单，也可以由智慧家政综合管理服务器根据算法向雇员配单（用户可选择接受或不接受）。

（4）传感网络平台设计

社区智慧家政物联网的传感网络平台是雇员与管理平台交流的信息通道，提供传感通信服务。雇员既可在家或在公司以外的其他位置利用手机等移动终端通过公用网连接管理平台，也可在公司利用电脑终端或自助终端通过公司内部的私用网与管理平台通信。社区智慧家政物联网的传感网络平台同样设计有传感数据库和传感网络管理平台（部署有传感网络管理服务器）。传感网络管理平台部署的传感网络管理服务器可以与服务平台的社区智慧家政服务提供服务器是同一个服务器，在具体功能上进行隔离，对不同角色的业务进行差异化处理。

（5）对象平台设计

社区智慧家政物联网的对象平台是雇员与对象终端的集合。雇员可通过手机终端、电脑终端、自助终端等登录管理平台，进行信息管理、订单管理等操作。信息管理是实现对雇员个人信息的管理，包括信息更新、信息增减等；订单管理主要是实现待结单查询、进行单查询、已完成单查询等，实现订单的接受或取消处理。

3. 实施效果

（1）实现社区家政产业的良性循环

通过用户平台、服务平台、管理平台、传感网络平台、对象平台打通社区智慧家政物联网，不但满足了社区居民日益增长的多样化的服务需求，还能打造出良性循环、可持续发展的家政产业合作新模式，形成多方合作共赢的局面，助力智慧城市的建设。

（2）有效监督家政企业服务质量

借助信息化网络服务平台、管理服务器、数据库以及用户终端对家政企业的服务规范和质量进行监督考核，对不诚信的企业降星级、曝光或取消加盟资格，从而优化家政服务资源，提升社区家政的智慧化水平。

（3）优化客户体验

管理平台通过绩效或星级评定择优选择家政企业为社区居民提供便捷、便利的服务，从而规范了社区家政服务市场，有利于提升和完善社区家政服务行业整体水平及客户体验，促进社区智慧家政物联网体系的高效运行，形成一个完整的闭环。

跋

　　阐述智慧城市具体含义的过程颇有"道可道，非常道；名可名，非常名。无名，天地之始，有名，万物之母"的意味。"智慧"一词蕴含丰富的层次，《新型智慧城市评价指标（2016）》构建了"惠民服务、精准治理、生态宜居、智能设施、信息资源、网络安全、改革创新、市民体验"这八个指标，即使这样也难以穷尽智慧城市应有的"智慧"特点。本书试图做一些努力，描绘物联网智慧城市的图景。

　　从"无"中可生"有"，即从智慧城市的具体功能表现可总结出智慧城市的物联网本质。智慧城市中的物联网分为政府管理物联网和社会活动物联网两大类，无数个物联网之间通过相互包含、交汇构成混合物联网，最终构成智慧城市。以物联网为基础的智慧城市更加注重管理性和系统性，对人民（市民）的需求具有更加透彻的感知、更加广泛的连接以及更有深度的计算能力，从而更加迅速、灵活和准确地响应人民的需求。

　　物联网世界观强调"管理"。在物联网的三体系五平台中，管理平台处于中心结构，其在运行体系中也是核心环节；政府管理物联网是智慧城市物联网的主体。由此可见，智慧城市的建设、发展和良好运行均离不开政府的作用。

　　智慧城市始终是"以人为本"的城市，"管理平台""服务平台""传感网络平台"的最终目的都是为了满足人民的物质文化需求，自然人（群众）的所有社会活动则组成社会活动物联网。社会活动物联网参与组成物联网智慧城市，更便捷和精准地将智慧服务传达给每个自然人；而该类物联网的运行通常需要社会监管物联网的监督。物联网智慧城市体系的建设需要制度保障。完善的制度能够最大限度地维护人民的权益，从而确保社会活动以合法、有序的形式开展。

　　在此，特作《蝶恋花·物联网智慧城市结构》一词，以描述智慧城市之于物联网、人民之于物联网智慧城市的关系及未尽之言。

蝶恋花·物联网智慧城市结构

蝶恋花香花恋树。

树上花开，引得蝴蝶舞。

城里绿荫添几许？

有谁静日迎风雨？

城市人文有园子。

服务于民，管理人称物。

智慧繁华融万变。

物联网里寻数语。

图书在版编目（CIP）数据

物联网与智慧城市/邵泽华著．－－北京：中国人
民大学出版社，2022.3
ISBN 978-7-300-30383-3

Ⅰ.①物… Ⅱ.①邵… Ⅲ.①物联网－应用－现代化
城市－城市建设－研究 Ⅳ.①C912.81-39

中国版本图书馆 CIP 数据核字（2022）第 035383 号

物联网与智慧城市

邵泽华　著

Wulianwang yu Zhihui Chengshi

出版发行	中国人民大学出版社				
社　　址	北京中关村大街 31 号		**邮政编码**	100080	
电　　话	010 - 62511242（总编室）		010 - 62511770（质管部）		
	010 - 82501766（邮购部）		010 - 62514148（门市部）		
	010 - 62515195（发行公司）		010 - 62515275（盗版举报）		
网　　址	http://www.crup.com.cn				
经　　销	新华书店				
印　　刷	北京宏伟双华印刷有限公司				
规　　格	175 mm×250 mm　16 开本		**版　　次**	2022 年 3 月第 1 版	
印　　张	12.25		**印　　次**	2022 年 3 月第 1 次印刷	
字　　数	185 000		**定　　价**	58.00 元	